大学新老校区文化传承机制与策略研究

任初明 著

北京理工大学出版社
BEIJING INSTITUTE OF TECHNOLOGY PRESS

版权专有　侵权必究

图书在版编目（CIP）数据

大学新老校区文化传承机制与策略研究 / 任初明著.
北京：北京理工大学出版社，2025.1.
ISBN 978-7-5763-4981-8

Ⅰ. G647

中国国家版本馆 CIP 数据核字第 2025KL0130 号

责任编辑：龙　微　　　文案编辑：邓　洁
责任校对：刘亚男　　　责任印制：李志强

出版发行 / 北京理工大学出版社有限责任公司
社　　址 / 北京市丰台区四合庄路 6 号
邮　　编 / 100070
电　　话 / （010）68944439（学术售后服务热线）
网　　址 / http://www.bitpress.com.cn

版 印 次 / 2025 年 1 月第 1 版第 1 次印刷
印　　刷 / 廊坊市印艺阁数字科技有限公司
开　　本 / 710 mm × 1000 mm　1/16
印　　张 / 15
字　　数 / 224 千字
定　　价 / 118.00 元

图书出现印装质量问题，请拨打售后服务热线，负责调换

前　言

进入21世纪以来，随着我国高校扩招政策的不断推进，我国出现了大学新校区建设浪潮。大学校园不仅是知识的殿堂，更是文化传承与创新的重要场域。大学文化是一所大学在办学实践过程中积淀与创造的文化形态，大学文化的本质是为大学师生及管理者所持有的基本信念、价值观和行为准则，共知、共享和共行是其基本特征。大学文化具有增强师生凝聚力、调节与规范师生行为、提升师生对组织的认同与归属感、熏陶教育学生等管理与教育双重功能。随着新校区的建设和老校区功能的更新，如何在变革中保持和发扬大学的优秀文化，成为了一个值得深入研究的课题。国家社科基金项目"大学新老校区文化传承机制及策略研究"旨在探索和构建一套科学、有效的文化传承机制，为我国高校的文化建设提供理论支持和实践指导。

课题组采用实地考察、问卷调研、访谈等多种研究方法，梳理了国内外关于大学文化传承的研究，选择不同区域，对不同类型的大学新老校区的实际情况进行了实证研究，提出了具有针对性的策略和建议，研究成果涵盖了大学新老校区文化传承的现状、存在的主要问题、传承机制构建、传承策略选择等多方面内容。

本书的出版，是对项目研究成果的一次系统总结和展示。全书共分为八章，从现状调查到问题剖析，从理论探讨到案例分析，从传承机制到操作策略，内容丰富，在研究视角、研究内容和研究方法等方面都有较强的新意。师生具有学校文化传承的双重身份，他们既是学校文化传承的主体，又是学校文化传承的载体，这一特殊身份决定了广大师生在学校新老校区文化传承中的重要地位，本书主要从师生视角进行研究，可以提升效果的可信度与说服力，在视角上有较强的新意。现有研究中针对大学新校区文化建设的研究成果虽有不少，但大多是着眼于新校区文化建设的定性研究，通过一手资料对新老校区文化传承进行的量化研究成果较少，尤其对新老校区文化传承机制的研究更少，因此，本研究具有较强的内容创新性。现有关于新校区文化建设的研究多以单一方法为主，综合使用问卷调查、实地参观、访谈法和案例法的研究相对较少，尤其是对广大教师和学生进行问卷调查来获得一手资料的研究少之又少，因此，本研究在方法上有较强的特色。

本书不仅能够为大学管理者、校园文化研究者提供有益的参考，也能够为关心高等教育发展的社会各界人士提供洞见。希望本书能够为我国大学新老校区的文化传承工作贡献一份力量，也希望更多的研究者能够持续关注这一领域，共同推动我国高等教育的高质量发展，助力教育强国建设目标的实现。

作　者

目 录

第一章　绪论 ... 1

第一节　选题背景与研究意义 ... 1
一、选题背景 ... 1
二、研究意义与价值 ... 2

第二节　研究框架与思路方法 ... 3
一、研究对象 ... 3
二、研究框架 ... 3
三、研究思路与方法 ... 4

第三节　核心概念与文献综述 ... 6
一、核心概念界定 ... 6
二、国内外相关研究综述 ... 8

第二章　大学新校区师生对学校文化认同状况分析 ... 23

第一节　理论基础与研究设计 ... 23
一、理论基础：组织文化认同理论 ... 23
二、调查工具设计 ... 25
三、正式调查及样本分布 ... 38

第二节　大学师生对学校文化认同状况分析 ... 42
一、教师对大学文化认同情况 ... 42
二、学生对大学文化认同情况 ... 50
三、师生对大学文化认同存在的主要问题 ... 55

第三节 师生对大学校训认同状况分析 ················· 59
 一、研究设计 ··································· 60
 二、学生对大学校训认同状况调查结果分析 ············ 61
 三、教师对大学校训认同状况调查结果分析 ············ 65
 四、提升师生对大学校训认同的建议 ················· 69

第三章 基于师生视角的大学新校区传承学校文化状况分析
·· 72

第一节 大学新校区传承学校文化的现状 ··············· 72
 一、大学新校区传承学校文化的价值 ················· 72
 二、大学新校区传承学校文化的现状 ················· 73
第二节 大学新校区传承学校文化存在的主要问题 ······· 78

第四章 组织文化传承视域下的大学新校区文化景观建设 ······ 80

第一节 校园文化景观的类别 ························· 80
第二节 大学新校区文化景观传承校园文化的方法 ······· 81
 一、理论基础：组织传播媒体双重能力理论 ············ 81
 二、研究对象 ··································· 82
 三、资料收集方法 ······························· 83
 四、大学新校区文化景观传承校园文化的方法 ·········· 83
第三节 组织文化传承视域下大学新校区文化景观建设存在的主要
    问题 ······································· 87
第四节 促进大学新校区文化景观建设的建议 ··········· 89

第五章 大学校园雕塑景观与校园文化传承 ··············· 92

第一节 大学校园雕塑景观的类型与价值 ··············· 92
 一、大学校园雕塑景观类型 ······················· 92
 二、大学校园雕塑景观的价值 ····················· 100
第二节 校园雕塑景观传承校园文化的状况分析 ········· 103
 一、研究设计 ·································· 103
 二、校园雕塑景观传承学校文化的现状分析 ··········· 110

三、校园雕塑景观传承校园文化状况的差异分析 …………… 116
　第三节　校园雕塑景观传承学校文化存在的主要问题 …………… 118
　第四节　促进校园雕塑景观有效传承学校文化的建议 …………… 124

第六章　大学新校区传承学校文化的案例研究 ……………… 130

　第一节　整迁型新校区传承学校文化的案例分析 ………………… 131
　　一、中国J大学简介 ………………………………………………… 131
　　二、中国J大学新校区传承学校文化的基本做法 ……………… 132
　　三、基于学生视角的新校区传承学校文化的效果分析 ………… 134
　第二节　替代型新校区传承学校文化的案例分析 ………………… 143
　　一、广西S大学简介 ……………………………………………… 143
　　二、广西S大学新校区传承学校文化的做法 …………………… 144
　　三、基于学生视角的新校区传承学校文化的效果分析 ………… 148
　第三节　延伸型新校区传承学校文化的案例分析 ………………… 157
　　一、湖北H大学简介 ……………………………………………… 157
　　二、湖北H大学新校区传承学校文化的做法 …………………… 158
　　三、基于学生视角的新校区传承学校文化的效果分析 ………… 160
　第四节　大学新校区传承学校文化存在的共性问题 ……………… 169

第七章　大学新校区传承学校文化的机制与推进策略 ………… 174

　第一节　大学新校区传承学校文化机制的构建 …………………… 174
　　一、大学新老校区学校文化传承机制构建的理论基础 ………… 174
　　二、大学新校区传承学校文化的主导机制 ……………………… 176
　　三、辅助机制一：多元主体参与的活态化传承机制 …………… 178
　　四、辅助机制二：大学文化资源的挖掘与增补机制 …………… 180
　　五、辅助机制三：大学文化传承的组织保障机制 ……………… 181
　第二节　大学新校区传承学校文化的策略 ………………………… 182
　第三节　推进大学新校区有效传承学校文化的对策建议 ………… 185
　　一、重视对大学师生的文化领导与文化管理，提升师生的文化
　　　　自觉 ……………………………………………………………… 185
　　二、遵循大学新老校区文化传承的基本原则进行规划 ………… 187

三、积极践行以"整理挖掘—设计移植—内化认同"为主线的新老校区校园文化传承模式 ·············· 189

四、重视大学文化符号系统建设,积极利用好各种象征性文化符号,培育和强化新校区师生对大学文化的认同 ·············· 191

五、精心组织设计面向师生的学校文化传播渠道及宣讲教育活动 ·············· 192

六、加强新校区物质环境的文化内涵建设 ·············· 193

七、加强新老校区之间师生互动的活态化传承 ·············· 194

八、利用现代信息技术,打造云校园文化平台 ·············· 195

第八章　南宁师范大学武鸣校区传承学校文化的工作方案设计 ·············· 197

第一节　学校基本情况 ·············· 197

第二节　南宁师范大学典型文化符号 ·············· 199

第三节　南宁师范大学武鸣校区传承学校文化的目标与基本原则 ·············· 202

一、目标 ·············· 202

二、基本原则 ·············· 202

第四节　推进南宁师范大学武鸣校区传承学校文化的具体措施 ·············· 203

结语 ·············· 207

附录1:大学新老校区文化认同及传承调查问卷(学生卷) ·············· 209

附录2:大学新老校区文化认同及传承调查问卷(教师卷) ·············· 214

附录3:大学校训认同调查问卷(学生卷) ·············· 219

附录4:大学校训认同调查问卷(教师卷) ·············· 222

附录5:大学新老校区文化传承访谈提纲 ·············· 225

主要参考文献 ·············· 226

后记 ·············· 231

第一章 绪　　论

第一节　选题背景与研究意义

一、选题背景

大学文化是一所大学在办学实践过程中积淀与创造的文化形态，大学文化的本质是大学师生及管理者所持有的基本信念、价值观和行为准则，共知、共享和共行是其基本特征。大学文化具有增强大学师生的组织凝聚力、调节与规范师生行为、提升师生的组织认同感与归属感、熏陶教育学生等管理与教育双重功能。2017年，教育部、财政部和国家发展和改革委员会共同印发《统筹推进世界一流大学和一流学科建设实施办法（暂行）》，要求入选高校"具有师生认同的优秀教风学风校风"，将文化传承创新作为"双一流"遴选的重要条件。2020年12月，教育部、财政部和国家发展和改革委员会共同印发《"双一流"建设成效评价办法（试行）》，将文化传承创新列为六个评价重点之一，把"塑造大学精神及校园文化建设的举措和成效及校园文化建设引领社会文化发展的贡献度"作为具体评价内容。此办法虽然针对的是入选"双一流"的大学，但是也传导出国家将大学文化建设与传承作为大学内涵发展和建设成效的重要评价内容之一的政策导向。

自1999年我国实行高等教育扩招政策以来，高等教育规模增长迅速，办学空间不足成为众多高校普遍面临的问题。为了缓解扩招带来的办学条件受限、办学空间不足等问题，我国高校出现了一股新校区建设浪潮，通过兴建新校区，形成了新老校区并存的"一校多区"办学格局。据笔者对全国公办本科高校各官网的不完全统计,截至2021年2月,全国共有456所公办本科高校建有新校区,占全国公办本科高校的55.2%;157所高校通过合并,形成一校多区办学格局;213所高校只有一个校区。受地理位置、办学时间、教育积淀等因素影响,部分学校对新校区校园文化建设的重要性认识不足①,新校区精神文化传承不畅、文化功能发挥不明显②,存在不同程度上的学校文化断层③,新老校区文化主体的联系出现不同程度的阻隔④,缺乏教师的积极参与⑤等。大学新校区如何有效继承和弘扬老校区校园文化,防止校区间的文化传承断裂,正成为众多建有新校区的大学的管理者所面临的重大挑战。

二、研究意义与价值

1. 学术价值

从校园文化传承角度,构建一个多元主体参与、多种传承方式相结合、多层次内容相融合、多环节相互配合的新老校区文化传承机制,可为大学新校区有效传承老校区校园文化提供理论指导,也有助于丰富大学校园文化理论和高校管理理论。

2. 应用价值

有助于促进新校区师生对高校自身文化的认同感,增强新校区与老校区师生之间的凝聚力,提升高校师生的文化自信和文化自觉;也可为高校更好地挖掘与传承自身校园文化,提升新校区的校园文化品味与格调,促进形成各具特色的大学精神与大学文化、为实现特色化发展提供参考与指导。

---

①④韩延明,张洪高. 我国大学新校区文化建设的检视与沉思 [J]. 江苏高教, 2010 (01): 42 - 45.

②刘一华,任康丽. 高校新校区校园文化建设的检视与对策 [J]. 西南石油大学学报 (社会科学版), 2013, 15 (02): 114 - 118.

③李丹. 高校图书馆与新校区校园文化建设 [J]. 河北联合大学学报 (医学版), 2014, 16 (02): 272 - 273.

⑤刘朝晖. 大学新校区校园文化品味与师德师风建设 [J]. 福州大学学报 (哲学社会科学版), 2012, 26 (02): 103 - 106.

第二节 研究框架与思路方法

一、研究对象

根据所处地理位置，我国大学新校区可分为同城新校区和异地新校区两大类。根据新校区与老校区承担的功能，又可分为延伸型新校区，即教学、科研、行政管理中心依然在老校区，新校区只是学校部分办学功能的延伸；替代型新校区，即新校区替代老校区成为学校教学、科研、行政管理中心，承担学校主要办学功能，老校区只承担部分办学功能；置换型新校区，即将老校区的土地置换后，另外择址整体新建校区。

本研究以大学新老校区的校园文化传承为研究对象，以大学新老校区间的文化传承机制与策略为具体的研究问题，研究大学在发展过程中形成的以办学理念、校训、校风、教风和学风等为代表的学校文化如何在新老校区间有效传承。

二、研究框架

1. 大学新校区师生对学校文化的认同状况研究

针对新校区，选择部分大学进行调查，分析以办学理念、校训、校风、教风、学风等为代表的学校文化被新校区师生认同的状况，为新校区传承学校文化机制的构建提供基础。

2. 大学新校区传承学校文化的现状及问题

以大学新校区的建筑、道路、雕塑和语言景观等文化景观为研究对象，从传承主体、传承内容、传承手段等方面，分析新校区对学校文化传承的现状、效果及存在的主要问题。

3. 大学新校区传承学校文化的案例研究

根据三类新校区的划分，综合考虑学校历史、地域分布、院校类型等因素，拟选择中国J大学、湖北H大学、广西S大学、南宁师范大学等多所高校，通过校史分析、实地观察、问卷调查及访谈等方法，对大学新校区传承老校区文化的经验和做法总结问题与不足。

4. 大学新校区传承学校文化的机制构建

在分析大学文化传承机制的构成要素及其内在关系基础上，结合前几部分的研究，构建一个教师、学生、管理者和校友等多主体共同参与，物质文化、行为文化、制度文化和精神文化等内容相互融合，校园历史景观、校园纪念景观、校园教育景观、校园艺术景观和校园语言景观等载体相互配合，制度化、活动化、领导示范、典型激励和师生交往等传承方式相互结合，挖掘整理、研究阐发、教育传播、内化认同、主动践行等环节相互配合的新老校区校园文化传承机制。

5. 促进大学新校区传承学校文化的方法与策略

结合大学新校区的特点，针对新老校区校园文化的传承主体、传承内容、传承载体、传承方式等环节，提出有针对性的传承方法与策略，为促进我国大学新老校区文化传承提供现实参考。

三、研究思路与方法

（一）基本研究思路

本课题遵循"发现问题—分析问题—解决问题"的路线展开。首先就新校区师生对老校区文化认同及新老校区文化传承的现状进行调查，查找存在的主要问题。其次围绕存在的主要问题，从物质文化、行为文化、制度文化和精神文化等文化形态，以及传承主体、传承手段、传承方式和传承保障体系等方面，对新老校区文化传承过程中遇到的问题原因进行分析。再次从实践借鉴的角度，选取典型案例，剖析大学新老校区文化有效传承的典型经验。最后构建一个新老校区文化有效传承的机制，提出促进大学新老校区优秀文化有效传承的策略。具体技术路线如图1-1所示。

（二）主要研究方法

1. 问卷调查法

本研究以组织文化传播理论为指导，以组织文化认同理论为基础，自编《大学新老校区文化认同及传承调查问卷（教师卷）》《大学新老校区文化认同及传承调查问卷（学生卷）》。问卷包括两部分内容：第一部分是新老校区师生对学校文化的认同状况，教师卷和学生卷都有24道题，调查

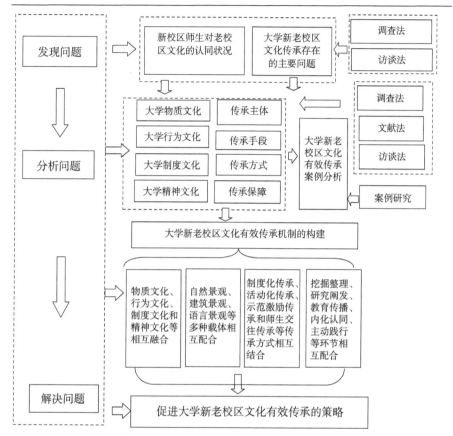

图1-1 本研究的技术路线图

师生对于校训、校歌、办学理念、校风、学风等校园文化的了解程度、认同程度及是否会践行的情况。1~10题从大学文化的认知维度设题，11~16题从大学文化的情感认同维度设题，17~24题从大学文化的行为认同维度设题，采用李克特五级计分法。

第二部分是大学新校区对学校文化的传承状况，包括大学新老校区文化传承的效果以及传承过程中存在的问题，从传承主体、传承载体、传承效果等方面设置题项，并在最后针对师生认为大学文化传承过程中存在的问题设置了一个多选题，教师卷共21题，学生卷共20题。具体问题根据师生的不同特征而有所差异，除最后一道多选题外，其他题项同样采用李克特五级计分法,将"完全不同意"赋值为1,"不太同意"赋值为2,"不确定"赋值为3,"比较同意"赋值为4,"完全同意"赋值为5。

2. 访谈法

对中国 J 大学、湖北 H 大学、广西 S 大学、南宁师范大学等高校师生与管理人员进行访谈,了解大学新老校区文化传承的相关情况,以及影响高校师生对学校文化的认知、认同与践行意愿的因素。

3. 案例研究法

选择中国 J 大学、湖北 H 大学、广西 S 大学、河北七所高校、南宁师范大学等高校,分析大学新校区有效传承老校区文化的经验得失和校园文化景观建设的案例,为其他高校提供参考与借鉴。

4. 实地调查法

到大连理工大学、中国计量大学、湖北大学、广西师范大学、南宁师范大学、广西中医药大学、哈尔滨师范大学、西安外国语大学、山西师范大学等高校的老校区与新校区进行实地参观,利用数码相机拍照收集大学新老校区校园文化景观的一手研究资料。

5. 文献法

查找相关高校的历史文献、校史档案、人物传记、管理制度等文献资料,分析高校校园文化传承与发展状况。

第三节 核心概念与文献综述

一、核心概念界定

1. 大学文化

自大学成立之日起,大学文化便相生相伴,徐显明教授在《文化传承创新:大学第四大功能的确立》一文中总结道,人才培养、科学研究、服务社会以及文化的传承创新是大学的四大功能[①]。大学之所以被称为"大

---

① 徐显明. 文化传承创新:大学第四大功能的确立 [J]. 中国高等教育,2011 (10):10-11.

学"，不仅是简单的"传道授业解惑"，更重要的是传承和发展文化，以达到培育人的目标，即文化育人。王冀生教授曾提出，当今这个时代需要大学创新，大学要想与时俱进，就必须遵守"文化是大学之魂"这一深厚而独特的哲学思想，这个时代需要有灵魂的大学①。

对于大学文化，学界没有统一的定义。有些学者从大学文化的表现形态出发，认为从狭义的角度来解释大学文化，指的就是大学的精神、办学理念等核心价值观；而从广义的层面来理解大学文化，则指的是大学所呈现的精神风貌、物质文化、制度文化以及行为文化等，是在大学核心价值观的引领下形成的一种文化形态②。在这个层面，精神文化是大学文化的核心所在，主导着物质文化、行为文化、制度文化的发展方向。有些学者从大学组织层面出发，认为大学文化是组织文化的一种特殊表现形式，是一种社会亚文化，是学校在其发展过程中所形成的具有本校特色的价值观念、制度规范、资源分配、校园建设、办学模式、管理理念等文化形态的总和，反映着自己的"组织个性"③，是由大学组织成员所共同拥有的价值观念、价值取向、组织认同感等，能够指引学校成员的行为实践，从而更加有效地彰显大学的组织使命及其精神内核④。在本研究中，大学文化是指大学作为一个学术组织所形成的组织文化，而非大学系统所形成的文化，因此，本文将大学文化界定为一所大学在其长期的办学实践过程中逐渐积淀下来的，为大学全体成员所共享的价值观、办学理念、精神信仰以及行为规范的总和，以大学的校训、校歌、办学理念、校风、教风、学风等形式体现出来。

2. 大学文化传承

"传承"在《辞海》中的解释为"更替继承"，通俗地来讲，它指的是一种"承接、传递，以及发展"。传承并不只是简单的复制以及直接的传递，它更偏向于在原有基础上的一种承接与发展。大学文化传承也是如

---

① 王冀生. 文化是大学之魂 [J]. 北京大学教育评论, 2003 (04): 42 - 46.
② 于滨. 独立、引领、批判: 论大学文化 [J]. 中国成人教育, 2017 (24): 38 - 40.
③ 李宁. 推进多校区大学组织文化建设 [J]. 中国高等教育, 2017 (05): 51 - 53.
④ 金家新, 易连云. 论组织文化视域下的大学章程建设 [J]. 中国高教研究, 2011 (02): 12 - 14.

此，它包括前期的复制或移植，以及后期的内化和发展。大学文化传承中的文化特指在大学这一特定的教育场域中，长期办学实践所形成的独特的组织文化。周鸿铎在《文化传播学》一书中曾提到，文化传承是指文化从一代人传到另一代人的传播过程①，这里更多指的是民族文化的传承。而本研究中的大学新老校区文化传承是指大学组织文化从老校区到新校区的传播过程，传承主体为学校的全体成员，可以通过多种方式、多种途径、多种载体，将大学组织文化内化并外显表现在新校区的方方面面，并通过学校的师生群体展现出文化的传承效果。因此，本研究中的大学新老校区文化传承包括横向的文化传播与纵向的文化传递两个方面。

二、国内外相关研究综述

大学校园文化在20世纪60年代开始受到国外研究者的关注，国外学者对校园文化的研究主要集中在大学的精神、使命、制度和功能等方面。1986年，中国高等教育的编年史中首次出现"校园文化"概念，国内有关校园文化的研究便由此开始②。2004年发布的《关于加强和改进高等学校校园文化建设的意见》促进了我国大学校园文化建设进入一个高起点研究阶段，党的十八大提出以社会主义核心价值观引领高校校园文化建设，激起了又一波研究热潮。自我国大学新校区建设浪潮出现后，新校区文化建设也引起了众多学者的关注，取得了不少研究成果。现主要围绕大学文化、大学文化建设、大学校园文化传承、校园景观与校园文化等主题综述如下：

（一）大学文化内涵及形态的研究

美国学者华勒是较早关注校园文化的学者。1932年，他在《社会教育学》一书中指出，学校中形成的特别文化就是学校文化。虽然当时的"学校文化"与今天的"校园文化"有所不同，但是不可否认其理论为我们研究校园文化开了先河。皮特森等将大学文化定义为大学成员在历史过程中

---

①周鸿铎．文化传播学［M］．北京：中国纺织出版社，2005：39．
②王军．校园文化的历史回顾、现状与对策——兼谈校园文化与教育的关系［J］．江西教育科研，1996（03）：27－30．

形成的行为模式、价值观与信念①。我国较早关注大学文化的主要研究者有班中考、李延保、郭贵春、袁贵仁等，他们认为大学文化是指大学在长期的办学实践过程中经过积淀和创造而形成的文化形态，是大学精神文化、物质文化和制度文化的总和②，是一所大学在办学过程中，学校群体（师生）共同遵循的一种由生活方式、生活习俗、行为取向、价值判断等融合在一起而呈现出来的相对稳定的生活样式③，每所大学的文化都能展现出其独特的个性及品格，是屹立于大学之林的最深层次的支撑点④。

由于研究角度的差异，学者们对大学校园文化的理解众说纷纭，有亚文化说、社区说、氛围说、综合说、补充说。目前主流的观点是将大学校园文化作为社会亚文化的一种，同时具有自己独特的文化特征（穆兰，2001；白振飞，2003；程利，2003等）。关于大学校园文化的结构也存在着"两分说""三分说""四分说"等多种观点。"两分说"主要是将校园文化分为物质文化和精神文化，也有人将其分为软件文化和硬件文化；"三分说"则是将其分为物质文化、精神文化和制度文化，也有人从文化主体的角度，将其三分为学生文化、教师文化和管理者文化；"四分说"是将大学校园文化分为物质文化、精神文化、制度文化和行为文化，并且认为精神文化是校园文化的核心，外围依次为制度文化、行为文化和物质文化，形成一个同心圆结构。目前"四分说"被大多数学者认同。

（二）大学校园文化的功能与价值研究

国外学者对校园文化的功能研究主要集中在校园文化与学生成长之间的联系上，认为校训、校歌、校史等校园文化发挥着陶冶、规范、凝聚、激励和辐射的作用，助推师生的成长。对于大学文化的重要性，有学者基

---

①Sporn B. Managing University Culture: An Analysis of the Relationship Between Institutional Culture and Management Approaches [J]. Higher Education, 1996, 32 (1): 41-61.

②顾晓松. 合并高校的大学文化融合 [J]. 中国高教研究, 2007, (06): 17-20.

③徐仲佳. 论现代大学制度建立与大学文化传统养成之关系——以海南师范大学文学院的实践为例 [J]. 海南师范大学学报（社会科学版），2016, 29 (01): 131-134.

④班中考, 黄洁. 论大学文化及大学文化传统 [J]. 江苏高教, 2002 (03): 65-68.

于组织文化类型学的分析框架,认为大学文化内涵对大学国际化进程具有重要的影响①;同时对于大学与企业的合作也存在着重要影响,如果二者的合作不融入大学的文化,将会对其产生副作用②;且大学文化对于外部环境的变化具有较强的适应能力,大学的管理制度应该主动融入文化之中③,才能最大限度地使学校制度发挥其应有的作用。

国内学者从多个角度对大学校园文化的价值与功能进行了探讨。有学者从广义的角度将校园文化功能分为德育功能和娱乐消遣功能,认为其可以引导和鼓舞学生,聚合人心,催人奋进,发挥引领、熏陶和凝聚作用(王德勋,2007;姚军,2012);有学者从社会功能的角度将其分为三部分:心灵净化功能、文化反哺功能和思想凝聚功能(沈兵虎、陈健,2006);也有学者从心理健康教育的角度,认为大学校园文化有利于大学生形成健全的人格,调适大学生心理,促进大学生的社会化(吴永强,2007)。随着研究的深入,对大学校园文化的价值也有了更深层次的探讨,一是认识到大学校园文化有利于素质教育,"无论是教化育人还是环境育人,都需要一个好的校园文化"(欧阳康,2008);二是认识到大学校园文化是大学生思想政治教育的有力载体,积极创新校园文化建设,有利于构建和谐校园,有助于培养素质人才和加强思想政治教育(冯刚,2007);三是认识到大学校园文化对学校发展壮大的重要性,"一流的大学校园文化是一流大学的灵魂和精神支撑,一流大学必定有一流的大学校园文化"(蔡红生,2010)。

(三)关于大学文化建设的研究

随着我国高等教育从外延扩张逐步向内涵建设阶段迈进,校园文化建设的重要性日益提升,大学文化建设面临的诸多问题也受到了众多研究者

---

①Bartell M. Internationalization of Universities: A University Culture – Based Framework [J]. Higher Education, 2003, 45 (1): 43 – 70.

②Gassol J H. The Effect of University Culture and Stakeholders' Perceptions on University-Business Linking Activities [J]. The Journal of Technology Transfer, 2007, 32 (5): 489 – 507.

③Sporn B. Managing University Culture: An Analysis of the Relationship Between Institutional Culture and Management Approaches [J]. Higher Education, 1996, 32 (1): 41 – 61.

的广泛关注。有研究者指出我国学校文化传统偏于保守,并且其具体内涵与当代学习型组织的文化理念存在着诸多对抗性的冲突①;有研究者认为我国大学文化建设当中存在学术资本主义和行政化日益加重②、价值观念的功利化、学术不端现象频发、信仰缺失等问题③;还有研究者指出,当前大学文化存在传统文化意义隐遁、与现代知识体系断裂及价值弥散④,精神文化明显缺失、特色不足,行政文化色彩偏浓,文化建设体制机制不健全,学校之间地域文化交流不积极⑤等问题。针对这些问题,研究者们提出大学文化在继承传统文化与借鉴现代文化的基础上,要彰显中国精神,同时要不断增强文化自觉、文化自信,坚持贯彻群众路线、坚持以人为本[3];要把校园人文精神、文化传统融入到教育和管理工作的全过程,形成学校特有的时代精神和文化传统⑥;要重视校史校情教育,依托校训传承大学精神,加强对学校文化设施的规划与建设,不断推进校园景观的文化内涵建设,建立健全典仪制度,凸显管理制度的人本理念,加强建设有利于学生发展的制度文化,营造浓厚的校园文化宣传氛围⑦⑧等,以此来推动我国大学文化的发展与延续。

有研究者基于对美国大学的少数族裔学生的深度访谈,提出校园文化建设的步伐必须跟社会发展的步伐保持一致,要利用时代发展成果,构建

---

① 刘长海. 学校文化传统与学习型组织的冲突及其化解——学校文化的反思与重建 [J]. 教育科学研究, 2008, (07): 37-40+44.

② 王英杰. 大学文化传统的失落: 学术资本主义与大学行政化的叠加作用 [J]. 比较教育研究, 2012, 34 (01): 1-7.

③ 张玉霞, 张彪. 现代性视阈下的大学文化建构 [J]. 广西社会科学, 2014, (05): 189-193.

④ 胡燕, 朱志平, 章云清. 中国传统文化传承语境中的大学文化空间改造 [J]. 江苏高教, 2017, (11): 67-70.

⑤ 魏伟华, 洪林. "双一流"背景下高校校园文化建设的思考 [J]. 黑龙江高教研究, 2017, (08): 132-135.

⑥ 李延保. 现代大学精神和大学的文化传统与品格 [J]. 中国大学教学, 2002 (05): 11-14.

⑦ 李劲涛, 罗湘明. 新时期高校校园文化建设的理论与对策 [J]. 湖南社会科学, 2013, (04): 235-237.

⑧ 何炜. 基于传统文化视角的高校校园文化建设研究 [J]. 学校党建与思想教育, 2017, (22): 87-89.

多元的校园文化①。还有研究者运用教育、参与和评估三种类型的活动，为密歇根大学建立了一个大学校园环境可持续发展文化②，强调了环保文化在大学文化建设当中的推动作用。还有学者通过确定质量文化对大学正规和非正规教育的影响，提出应创造相互信任和支持的氛围，使成员能够在自我管理中不断改进③。

（四）关于校园景观与校园文化的研究

1. 有关校园整体规划与校园景观的研究

国外关于校园规划设计的研究可以追溯到 20 世纪 60 年代，主要集中于校园整体规划与景观的设计。施梅茨（1972）提出校园环境的规划设计与校园整体的文化氛围是密不可分的④；理查德·P. 多贝尔（1992）以其40 年间做过的大学校园调查研究为基础，认为校园规划是一种设计活动，包含了"场所标识"和"场所创造"两种要素⑤；理查德·P. 多贝尔（2000）还对校园景观的实用性研究进行了进一步的完善，提出校园景观在规划过程中，需要与校园本身所具有的自然因素和人文因素相融合，并对校园外部空间、环境雕塑等景观设施的建设进行了深入研究，为景观规划设计提供了借鉴⑥；克莱尔·库珀·马库斯和卡罗琳·弗朗西斯（2001）通过多个实际案例，研究分析了校园景观规划、校园绿地以及其他校园公共空间的关系与设计方法，提出了在校园景观规划中要重点关注人与场所

---

①Rose S F, Firmin M W. African – American Students on a Predominantly White University Campus：Qualitative Research Findings［J］. Psychological Studies，2013，58（1）：58 – 65.

②Levy B L M, Marans R W. Towards a Campus Culture of Environmental Sustainability：Recommendations for a Large University［J］. International Journal of Sustainability in Higher Education，2012，13（4）：365 – 377.

③Vilcea，Adrian M. Quality Culture in Universities and Influences on Formal and Non – formal Education［J］. Procedia – Social and Behavioral Sciences，2014，163：148 – 152.

④⑤Richard. P. Dober. Campus Design［M］. Hoboken：John Wiley & Sons，Inc，1992.

⑥Richard P. Dober. Campus Landscape：Functions，Forms，Features［M］. Hoboken：John Wiley & Sons，Inc，2000.

之间的相互作用①；乔纳森·库尔森与保罗·罗伯茨（2010）从建筑历史与规划策略这两大角度出发，全面记录了从中世纪到当代世界各地大学校园设计的变革过程，详细探究了如何造就一座成功的校园，进一步探讨并揭示了影响大学规划的手法②；理查德·约卡斯、大卫·纽曼与保罗·特纳（2010）以历史为主线，讲述了斯坦福大学校园内著名建筑的设计、建造故事，以及建筑所反映的美国精神文化传统、美国大学的学术生活和斯坦福大学的发展历程与文化底蕴，通过150多幅全彩的照片，进一步介绍了校园景观的规划设计③；著名建筑师C.亚历山大（2019）等人则主要介绍了俄勒冈大学的校园规划设计，认为大多数美好的生存环境都是由当地人自己而非建筑师的建造，因此人们应该自行设计自己的生存环境④。

国内学者中，周逸湖、宋泽方（1994）研究了现代大学校园总体形态的构成机理、校园中心空间的形态环境规划和建筑艺术设计，以及大学教室、实验室、图书馆、学生中心、体育馆、学生宿舍等的建筑设计⑤；何镜堂（2009）通过对大学校园规划与设计的长期深入研究和实践，以高等教育理念为出发点，论述了大学校园规划设计的发展趋势，分析了当代大学校园规划设计的特点，认为大学校园建设规划要对校园的内涵有深入的理解和认识，应当塑造出具有地域特色、文化特色以及时代特征的校园文化环境⑥。国内大多数学者都是基于校园整体规划的基础上再进一步研究校园景观设计。王荣山、高占山（2005）针对大学校园景观的规划设计提出了一个新的思路——大学园林，主张将文化、历史等各种元素融入到校

---

①克莱尔·库珀·马库斯，卡罗琳·弗朗西斯. 人性场所［M］. 北京：中国建筑工业出版社，2001.

②乔纳森·库尔森，保罗·罗伯茨. 大学规划与校园建筑［M］. 北京：电子工业出版社，2010.

③理查德·约卡斯，大卫·纽曼，保罗·特纳. 斯坦福大学人文建筑之旅［M］. 上海：上海交通大学出版社，2010.

④C. 亚历山大，S. 安格尔，M. 西尔沃斯坦. 俄勒冈实验［M］. 北京：知识产权出版社，2019.

⑤周逸湖，宋泽方. 高等学校建筑规划与环境设计［M］. 北京：中国建筑工业出版社，1994.

⑥何镜堂. 当代大学校园规划理论与设计实践［M］. 北京：中国建筑工业出版社，2009.

园景观的规划中为大学校园的景观规划带来新的因素和要求①；涂慧君、郑雅彬（2007）对大学校园整体规划中的景观设计进行了研究，进一步论述了校园景观设计的要素②；何智伟（2010）提出校园景观规划设计是高校校园整体规划设计中的一个重要组成部分，要结合现代社会的发展不断进行探索③；王红英、肖静蕾（2011）提出场所精神营造是大学校园景观规划成败的关键④；常俊丽、汪辉（2016）从景观要素、意向、空间布局等方面对校园景观进行了研究⑤；杨蕾（2018）对校园景观的设计理念、总体布局以及具体景观内容进行了研究论述⑥；还有一些学者（康佩然，2020⑦；刘相岚、李传军，2021⑧）强调要将地域文化融入校园景观的规划设计中，进一步丰富了校园规划的相关研究。

2. 关于校园景观与校园文化的研究

研究成果主要侧重于校园景观文化的育人作用以及校园景观与校园文化的融合。例如，何镜堂、郭卫宏、吴中平（2004）提到，通过对校园景观进行精心的设计和规划，可以进一步营造文化氛围浓郁的校园，并且要在校园景观中融入文化与心理方面的元素，从而满足在校师生精神层面的需求⑨；陈于仲（2008）提出大学的校园规划是校园文化建设的一项重要内容，也是体现大学校园文化底蕴的重要方面，大学校园的建设规划应当

---

①王荣山，高占山．论高等学校校园景观规划设计的主要特色［J］．沈阳农业大学学报（社会科学版），2005（04）：456－457．

②涂慧君，郑雅彬．校园整体设计的整合方法——简述云南昭通师范专科学院新校区设计导则［J］．城市建筑，2007（03）：26－29．

③何智伟．浅谈高校校园景观规划设计［J］．科技风，2010（24）：5－6．

④王红英，肖静蕾．大学校园景观规划设计中的场所精神探讨［J］．安徽农业科学，2011，39（34）．

⑤常俊丽，汪辉．大学校园景观［M］．上海：上海交通大学出版社，2016．

⑥杨蕾．高等学校校园规划理念与设计实践［J］．建材与装饰，2018（30）：127．

⑦康佩然．基于地域文化的校园景观规划设计［J］．美与时代（城市版），2020（11）：37－38．

⑧刘相岚，李传军．地域文化在景观规划中的新研究［J］．南方农机，2021，52（14）：148－150．

⑨何镜堂，郭卫宏，吴中平．现代教育理念与校园空间形态［J］．建筑师，2004（01）：38－45．

展现出校园文化的多种内容,应当与校园文化相得益彰,塑造出具有创新、科学、人文及自由精神的校园文化氛围①;蔡劲松(2011)主张校园景观的建设应当与所在校园的文化环境相互搭配,以求形成具有校园文化特色的文化传播空间,继承和发展大学的文化特色②;肖研玎(2012)认为大学校园是教书育人的场所,因此校园中的景观需要蕴含丰富的教育作用,要成为校园文化中育人要素的一部分③;王帆、聂庆娟、贾立萍(2017)④,以及李晓檬、于美华(2017)⑤ 等人的研究成果则重点体现了校园景观和校园历史文脉的相互渗透与融合。

3. 关于校园景观功能的研究

普林斯顿大学1999年出版的《大学校园之旅》是普林斯顿大学、哈佛大学、耶鲁大学等知名大学的校园指南,书中对一系列知名大学校园的规划和校园景观的特色,从校园历史文化传统、校园建筑景观、校园文化景观等方面进行了详细的阐述,认为校园景观具有传播文化和发扬学校传统的功能;理查德·P. 多贝尔(2000)则从景观设计的角度出发,对校园景观的作用和形式进行了比较详细的阐述⑥;还有一些学者从学校的相关群体出发,对校园景观功能进行了研究,认为校园景观在一定程度上可以缓解学生们学习和生活中的各种压力;克莱尔·库珀·马库斯和卡罗琳·弗朗西斯(2001)也研究了在校师生对大学校园开放空间中景观的使用情况,探讨了在人性化的基础上,校园景观设计规划应当如何充分发挥应有的作用,提出要注重师生对校园景观的使用,力求创造出充满活力和文化

---

①陈于仲. 论高校校园规划建设的文化观[J]. 西南民族大学学报(人文社科版),2008(05):228-231.

②蔡劲松. 文化传承创新与大学文化建设体系构建[J]. 高校理论战线,2011(11):48-50.

③肖研玎. 论大学校园景观和校园文化[J]. 中国电力教育,2012(23):142-143.

④王帆,聂庆娟,贾立平. 高校校园景观文化建设对策探析[J]. 河北农业大学学报(农林教育版),2017(02):9-13.

⑤李晓檬,于美华. 高校校园文化与人文景观营造[J]. 美术教育研究,2017(05):89-90.

⑥Richard P. Dober. Campus Landscape: Functions, Forms, Features[M]. Hoboken: John Wiley & Sons, Inc, 2000.

气息的大学校园①。

4. 关于校园景观与文化传承的研究

关于校园景观与文化传承的研究主要集中于新老校区校园文化传承现状、如何通过校园景观规划设计更好地传承校园文化等方面。李文富（2006）以重庆文理学院新校区为例，论述了新校区的文化建设，认为校园景观作为一种文化符号，对校园文化建设具有象征意义，对师生具有教育作用，可以彰显出校园文化的内涵②；孔科丽（2007）在新老校区文化内涵对比研究的基础上，分析了大学新校区中景观设计的原则和方法③；贺莲花、刘红杰和柯善军（2012）认为大学校园文化景观对校园文化具有延续作用，对在校师生有着潜移默化的影响，具有一定的教育意义，并以重庆理工大学的新校区为例，对新校区的景观设计和规划进行了分析，以求加强新校区中文化景观对校园文化的传承作用④；蔡劲松（2011）提到在大学校园文化建设过程中，文化的传承与创新具有十分重要的作用，应当注重将大学校园中的文化景观作为载体，彰显和弘扬大学的校园文化⑤；李秋艺（2013）基于传承现状，提出了高校新校区人文景观的设计原则以及传承载体和方法的具体内容⑥；郭晋杪（2015）从文化传承视角，研究了校园景观的更新⑦；刘宝艳（2017）阐述了校园历史文脉在大学新校区设计中的应用，研究分析了江南区域大学新校区的景观空间特点，并对大学新校区历史文脉景观修复的方法进行了总结，以求提升新校区景观的历

---

①克莱尔·库珀·马库斯，卡罗琳·弗朗西斯. 人性场所 [M]. 北京：中国建筑工业出版社，2001.

②李文富. 论高校新校区校园文化建设——以重庆文理学院红河校区为例 [J]. 重庆文理学院学报（社会科学版），2006（05）：110-112.

③孔科丽. 高校新校区文化景观研究 [D]. 南京：南京林业大学，2007.

④贺莲花，刘红杰，柯善军. 高校新校区校园文化景观设计探析——以重庆理工大学校园文化景观设计为例 [J]. 安徽农业科学，2012（08）：4749-4750+4808.

⑤蔡劲松. 文化传承创新与大学文化建设体系构建 [J]. 高校理论战线，2011（11）：48-50.

⑥李秋艺. 高校新校区人文景观的塑造与传承研究 [D]. 泉州：华侨大学，2013.

⑦郭晋杪. 大学校园景观更新文化传承研究 [D]. 合肥：合肥工业大学，2015.

史文化底蕴①；任震、姚婷、刘欣（2020）对当代校园景观文化传承的现状进行了分析，提出了校园景观的提升策略②。

5. 关于校园雕塑景观的研究

国外的校园雕塑形式丰富，以写实雕塑为主，造型逼真，注重审美体验、群众参与和历史的表达。比如理查德·P. 多贝尔（2000）从校园景观设计的决定因素和设计分类两方面展开分析，探讨了校园景观的恢复、更新和新建。在研究中，他阐述了校园景观的设计因素，包括地域文化、学校定位、社会需求和学生特点等方面的影响，此外还强调了校园景观环境设施的必要性和重要性。萨拉·克拉克（2002）较为全面地介绍了西华盛顿大学的雕塑珍藏，并表示这个校区是世界上拥有最美风景的校园之一③。相对来说，国外对于校园雕塑景观的研究更多侧重于环境艺术设计的宏观视野，通常是将具有代表性的校园雕塑景观设计作为个案进行研究。比如漆德琰（2003）在《澳大利亚环境艺术设计》中就提到了大学校园雕塑，指出墨尔本大学拥有深厚的历史文化底蕴，校园内许多建筑年代久远，具有很强的历史感，校园景观独具特色，环境和艺术完美结合，传递出一种古朴自然的感觉；运用不同的材质进行雕塑的设计，并放置在中心广场内，同时也运用浮雕、壁画来装点建筑，在校园中呈现出一种特殊的美感④。保罗·特纳也研究了具有代表性的校园雕塑景观⑤。还有些研究文献在涉及校园雕塑景观的寓意时，会谈到其文化性内涵对校园文化形象产生的影响，但是将校园雕塑景观的文化内涵与学校精神的适配性进行横向对比的研究不多。

国内关于校园雕塑的研究主要集中于雕塑景观与校园文化的适应性研

---

①刘宝艳. 江南区域高校新校区历史文脉景观的修复研究［J］. 山西建筑, 2017, 43（03）.

②任震，姚婷，刘欣. 基于文化传承的大学新校区景观提升策略研究——以山东财经大学圣井校区为例［J］. 规划师论丛, 2020（00）: 215-223.

③Sarah Clark-langager. Sculpture in Place: A Campus as Site［M］. Bellingham: Western Washington University, 2002.

④漆德琰. 澳大利亚环境艺术设计［M］. 南京: 东南大学出版社, 2003: 138.

⑤Paul Venable Teuner. Campus: An American Planning Tradition［M］. Cambridge: The MIT Press, 1987.

究、雕塑本身的介绍、校园雕塑景观的规划设计等方面。比如在雕塑景观与校园文化的适应性方面，罗胜京（2008）深入分析了当代大学校园景观雕塑的适应性内涵，提出校园雕塑景观设计要与校园相适应①；张勇（2009）以高校校园文化建设为背景，从校园文脉传承、校园空间与景观两个方面，论述了校园景观雕塑的功能与形式，并从自然和建筑的角度，探讨了当代校园景观雕塑表现形式的多样性问题②；于沛鑫（2014）通过对雕塑的定义、类型、价值等进行介绍，进一步提出如何利用好校园雕塑的载体作用、如何通过雕塑更好地反映高校历史与人文内涵③；冼春梅和陈宏（2017）认为校园雕塑建设应作为校园文化空间环境整体的一部分加以考虑，从宏观到微观，全面地强化校园文化空间的整体格局④；黄艳真等（2019）从景观雕塑的类型、功能分区分布情况、使用材料及色彩等四个方面，探索了雕塑语言的表达情况⑤；徐特艺（2020）提出校园景观雕塑作为校园文化的重要载体，体现了校园文化内涵和人文精神，凸显了校园的办学风格和精神面貌，结合雕塑景观设计的相关理念，探讨了校园景观雕塑设计的特点，并且研究了校园雕塑景观与校园文化融合的具体策略⑥；韩宜辰（2021）分析了大学校园景观设计如何进行环境雕塑的文化表达问题⑦。有一些学者则通过对雕塑景观的详细介绍，进一步强调雕塑景观的价值。比如孙彩霞（2010）以雕塑的文化价值为切入点，探讨了大学校园景观设计的决定因素，系统论证了校园雕塑景观在大学校园环境景

---

① 罗胜京. 大学校园人文景观雕塑的适应性设计研究 [J]. 艺术探索，2008（05）：76-77.

② 张勇. 功能与形式：高校校园景观雕塑与校园文化建设 [J]. 中国成人教育，2009（06）：37-38.

③ 于沛鑫. 浅谈高校校园景观中的雕塑 [D]. 长春：东北师范大学，2014.

④ 冼春梅，陈宏. 基于文化环境建构的大学校园雕塑建设 [J]. 湖北第二师范学院学报，2017，34（03）：16-19.

⑤ 黄艳真，郑俊鸣，梁萍，等. 基于语言表达的校园景观雕塑研究——以福州大学旗山校区为例 [J]. 宿州教育学院学报，2019，22（06）：38-40.

⑥ 徐特艺. 高职院校校园景观雕塑设计与校园文化的融合研究 [J]. 大观，2020（04）：21-22.

⑦ 韩宜辰. 大学校园景观设计中环境雕塑的文化表达研究 [D]. 西安：西安建筑科技大学，2021.

观设计中的重要地位与作用,并提出应如何更好地发挥校园雕塑景观的作用①;马宇威(2011)对校园雕塑的含义、分类、特征分别进行了详细的介绍,并且进一步分析了校园雕塑景观的价值与运用②;张鑫磊、常俊丽(2013)分析了校园雕塑景观的摆放位置及其题材的来源,并进行了分类,介绍了雕塑在大学校园中塑造景观、承载历史人文及教育的作用,总结了大学校园中雕塑的发展趋势③;黄古月、许晓凡、李云鹏(2014)对基于文化定位的高校景观雕塑在设计方面存在的问题做了进一步的探讨④;陈浩(2014)提出雕塑作为校园景观的重要组成部分,在设计规划过程中,必须注重其文化性设计⑤;陈奔秀(2014)从文化与景观交融的角度,提出了校园雕塑规划新理念及基本思路⑥。还有一些学者侧重于雕塑景观规划设计,如李亚杰、许文佳(2013)提出校园雕塑建设应突破以往"就雕塑论雕塑"的偏重于个体的微观思路,将其作为整体环境的构成加以分析,从宏观到微观,全面地强化校园的整体格局与文化环境⑦;葛茜茜(2014)对高校内景观雕塑现状进行了实证调查和描述分析,并为校园景观雕塑建设提供了可行性建议⑧。

(五)大学新校区校园文化建设的研究

由于众多新校区远离老校区或主城区,研究者们认为目前大学新校区

---

①孙彩霞. 论雕塑在大学校园景观设计中的地位与作用 [J]. 建筑与环境, 2010 (1): 69-70.

②马宇威. 论大学校园景观雕塑的价值与运用 [J]. 现代装饰(理论), 2011 (10): 35-36.

③张鑫磊, 常俊丽. 大学校园雕塑景观研究 [J]. 安徽农业科学, 2013, 41 (11): 4890-4895.

④黄古月, 许晓凡, 李云鹏. 浅析大学校园的景观雕塑设计 [J]. 网友世界, 2014 (11): 97.

⑤陈浩. 探析高校校园景观雕塑的文化性设计 [J]. 现代装饰(理论), 2014 (08): 57.

⑥陈奔秀. 基于文化传承的大学校园雕塑景观规划设计探讨 [J]. 城市建设理论研究, 2014 (21): 4854-4856.

⑦李亚杰, 许文佳. 关于高校校园雕塑建设问题的研究——以浙江师范大学为例 [J]. 安徽建筑, 2013 (05): 33-34.

⑧葛茜茜. 景观雕塑与美丽校园建设——基于南京大学、江苏大学和江苏科技大学的实证研究 [J]. 文教资料, 2014 (22): 67-68.

的校园文化建设极具重要性和迫切性，并在此基础上分析了新校区校园文化建设存在的多种问题：新校区精神文化传承不畅，物质文化建设缺乏大学文化内涵的渗透，校园文化活动方式单一且活动水平普遍较低，文化阵地和活动载体较为缺乏，文化功能发挥并不明显①；出现了不同程度的学校文化断层，没有体现出学校悠久、深厚的文化积淀，校园文化建设缺乏个性②；校园文化建设滞后，存在"文化孤岛""文化断层""文化生态失衡"乃至"文化危机"现象，部分学校并没有认识到校园文化建设的重要性③④；虽然新校区的教育教学物质条件较好，但文化底蕴薄弱，同质化严重，缺乏学校应有的文化内涵和人文气息，新老校区文化主体的联系出现了不同程度的阻隔[1]；校园文化品味建设与高校管理工作相脱节，缺乏教师的积极参与⑤，新校区教师在高校教学文化建设中发挥的重要作用有所减弱⑥，对老校区文化传承不足。学者们认为出现这些问题的主要原因是学校对校园文化建设缺乏较为完善和全面的规划，文化底蕴薄弱，文化教育主体力量单薄，自身影响力有限[11]；大学管理者对新校区校园文化建设重要性认识不足，文化建设的规划意识不强，缺乏系统性、长期性规划[1]；校园文化建设主体单一，大学新校区还不具备老校区浓厚的文化氛围和历史内涵⑦。为此，我国研究者从我国高校在办学过程中形成的大学精神、办学理念、校训、校风、教风、学风等文化传统和特色校园品牌活

---

①刘一华，任康丽. 高校新校区校园文化建设的检视与对策［J］. 西南石油大学学报（社会科学版），2013，15（02）：114－118.

②李丹. 高校图书馆与新校区校园文化建设［J］. 河北联合大学学报（医学版），2014，16（02）：272－273.

③韩延明，张洪高. 我国大学新校区文化建设的检视与沉思［J］. 江苏高教，2010（01）：42－45.

④姜羡萍，顾佳隽. 大学新校区校园文化建设模式探析［J］. 教育与职业，2012（36）：59－61.

⑤刘朝晖. 大学新校区校园文化品味与师德师风建设［J］. 福州大学学报（哲学社会科学版），2012，26（02）：103－106.

⑥游莅荟. 高校新校区校园文化建设实证研究——以 S 大学为例［J］. 科教导刊（下旬），2016，（02）：11－12.

⑦白俊杰，焦楠，吴宇峰，等. 对新校区校园文化建设中存在问题、意义与措施的思考——以北京中医药大学为例［J］. 中医教育，2016，35（06）：4－6.

动的传承出发，提出传承校训的精神内涵有助于形成统一的校园文化认同感和归属感①，同时要在新校区使用初始就继承老校区相对稳定的制度文化，做到有章可循、有法可依②，通过移植老校区文化品牌活动、举办学术活动、利用校园网和 BBS 等现代信息技术手段，加强新老校区文化传承③④。还有研究者提出要坚持以人为本的理念，加强整体规划和系统设计，把老校区的品牌活动复制和移植到新校区，加大物质文化建设的投入，建设高品位的物质文化，传承老校区的校园精神，创新新校区的文化特色⑤；利用校史这一独特的文化传承优势，将校史记忆和校史符号嵌入新校区文化空间⑥，将符合学校实际的名言警句、著名校友的生平事迹等融入校园景观设计，将校徽校训与景观相结合，感染和熏陶使用主体，增强学生认同感⑦，不断推动我国大学新校区的文化建设。

（六）大学校园文化传承研究

学者们认为大学校园文化传承过程中面临的主要问题：一是受地缘因素的影响，校区间沟通交流困难，造成文化传承上的断层（楼仁功、陈庆，2005；谭秋浩，2013）；二是从传承主体的角度看，学校管理者的观念意识存在偏差，价值理念陈旧、不深刻（查雨明，2015），此外新校区相对缺少教师身影，教师只是上课时与学生接触，平时缺乏联系，学生较难感受科研氛围（谢子娟、翁楚歆，2010），教职工对新校区的归属感不强，不能充分发挥其主观能动性（楼仁功、陈庆，2005；尚大军、张延超，2014）；三是从传承内容的角度看，大学在校园文化建设过程中精神

---

①高硕. 论校园文化的传承与创新［J］. 人民论坛，2012（35）：156 – 157.
②郭燕秋，关永平. 论高校新校区校园文化的传承与创新［J］. 广西师范大学学报（哲学社会科学版），2010，46（02）：96 – 99.
③吴桂山. 试探高校 BBS 传承校园文化的机制［J］. 教育教学论坛，2014（12）：4 – 5.
④刘海苑，胡志波. 大学新校区校园文化传承研究——以广东商学院为例［J］. 高教论坛，2009（03）：127 – 129.
⑤焦伟，周小飞，王备，等. 新校区校园文化建设探析——以哈尔滨理工大学荣成校区为例［J］. 科教导刊（上旬刊），2013，（06）：21 + 31.
⑥张红霞. 高校校史文化品牌活动培育的路径与实践［J］. 戏剧之家，2017（17）：167 – 169.
⑦刘彦. 高校新校区校园生态建设略论［J］. 江苏高教，2014（05）：64 – 65.

文化缺失，缺乏显著特色，行政文化色彩偏浓，缺乏创新活力（魏伟华、洪林，2017），重视硬件建设而忽视软件建设，重视局部与表象而忽视整体与内涵（曹菲，2018）。

　　为了有效进行校园文化传承，学者们提出了众多建议。有研究者提出要通过移植老校区文化品牌活动、举办学术活动、利用校园网和BBS等现代信息技术手段，加强新老校区文化传承（吴桂山，2018；刘海苑，2009）。有学者指出高校校园文化的发展应传承学校原有的历史积淀、绵延的文化传统和独特的大学精神，要系统地传承与创新校园物质文化、精神文化、制度文化和行为文化（郭燕秋、关永平，2010）。也有研究者聚焦于某一项校园文化内容，指出校史编研及其成果是校园文化的有效载体，可作为高校校园文化传承的一个重要路径（杨震，2013）；受重视弘扬校史文化，将校史记忆和校史符号嵌入新校区文化空间（张红霞，2017）；大学的校史校情因为内容丰富、形式新颖、教育时间恰当，在大学校园文化传承中具有独特的优势（薛芳，2015）；大学校训是一所大学的精神表征和文化标识，要以校训引领大学文化建设（姜小东，2016）；校园品牌活动集中体现大学精神，是学校育人的重要载体，需要不断地传承总结，不能一蹴而就（范晓光，2014）。

　　上述关于大学校园文化传承和新校区文化建设的研究已取得了一定成果：一是肯定了加强新校区文化建设的重要性和必要性；二是归纳出了新校区文化建设及文化传承存在的问题，并对原因进行了分析，也提出了一些建议。但归纳出的问题、原因及对策大同小异，对新校区如何有效传承老校区文化尚缺乏全面系统的研究，对影响新老校区文化有效传承的原因分析还比较浅显，尤其是新老校区文化的传承机制及策略有待进一步深入研究。因此，本课题还具有较大的研究空间。

第二章　大学新校区师生对学校文化认同状况分析

文化认同是新校区传承学校文化的基础，也是检验新校区师生传承学校文化效果的重要维度。本章针对建设多年后的大学新校区，分析师生对学校文化的认同状况，旨在了解新校区传承学校文化的效果。

第一节　理论基础与研究设计

师生对学校文化的认同是大学文化传承的基础，为了更好地了解大学新老校区间文化传承的情况，本章基于组织文化认同理论，采用点面结合的方式，对大学校园文化认同状况进行实证调查，先从整体面上调查教师和学生对学校文化认同及大学校园文化传承状况，再选择校训作为学校典型文化符号的代表，调查师生对校训的认同状况。

一、理论基础：组织文化认同理论

共同价值观是组织文化的核心，组织文化的有效传承通常以成员对其文化的认同为基础。认同概念最初运用于心理学研究领域，由美国心理学家弗洛伊德提出，指"个人与他人、群体或模仿人物在感情上、心理上趋同的过程"[①]。新弗洛伊德学派代表人物、美国著名精神分析学家埃里克森让这个概念更加系统化和理论化，他指出"认同有时指一个人对个体身份

[①] 陈国俭. 简明文化人类学词典［Z］. 杭州：浙江人民出版社，1990：126.

的自觉意识，有时则指对某个群体的理想和特征的内心趋同"①，前者指自我认同，后者指社会群体认同，被广泛运用于民族学、社会学和政治学等领域对民族认同、国家认同和政治认同的研究。后来认同概念拓展到文化领域，用于研究民族文化认同问题，塞缪尔·亨廷顿指出"文化认同是民族认同的基础，对多数人来说是最有意义的东西"②。人们常常以祖先、宗教、语言、历史、价值、习俗、体制及旗帜、十字架、新月形等象征符号来表示自己的民族文化认同。"文化认同是人类对文化的倾向性共识与认可，形成支配人类行为的思维准则和价值取向。③""现代社会的文化认同已成为个人或群体界定自我、区分他者、加强彼此同一感、拥有共同文化内涵的群体标志。④"使用相同的一套文化符号、遵循共同的文化价值理念、秉承共有的思维模式和行为规范通常是文化认同的依据。文化认同不仅表现为个体或群体对文化的理解与接受，同时也表现为对特定文化的主动实践。关于文化认同的构成维度，有研究者通过实际调查提出了态度和习惯两个因素⑤，也有研究者将其分为自我认同、态度、行为和归属感四个方面⑥。因为对事物的认识是人类文化认同的重要依据，所以认知是文化认同的重要组成部分⑦，有研究者从心理学角度将文化认同划分为认知、情感、知觉和行为四个层次⑧，也有研究者将文化认同划分为认知阶段（即了解该文化）、情感阶段（即喜好该文化）和行为阶段（参与或模仿

---

①Erikson E H. Identity and the Life Cycle [M]. New York: W. W. Norton & Company, 1994.

②Huntington S P. The Clash of Civilizations and the Remarking of World Order [M]. New Delhi: Penguin Books India, 2016.

③郑晓云. 文化认同论 [M]. 北京：中国社会科学出版社，1992：5.

④张旭鹏. 文化认同理论与欧洲一体化 [J]. 欧洲研究，2004，(04)：66 - 77 + 2.

⑤谭光鼎. 原住民青少年之家庭文化与生涯规划 [J]. 教育心理学报（台湾），1998 (5)：59 - 85.

⑥Phinney, Jean S. Ethnic Identity in Adolescents and Adults: Review of Research [J]. Psychological Bulletin, 1990, 108 (3): 499 - 514.

⑦郑晓云. 文化认同论 [M]. 北京：中国社会科学出版社，1992：109.

⑧张国良，陈青文，姚君喜. 媒介接触与文化认同——以外籍汉语学习者为对象的实证研究 [J]. 西南民族大学学报（人文社会科学版），2011，32 (05)：176 - 179.

学习该文化)①。源于民族学领域的文化认同后被广泛运用于企业、大学等组织文化研究领域。

大学文化认同反映的是师生群体对该大学所形成的组织文化的倾向性共识与认可,具体可表现为师生群体对一所大学在长期办学过程中所积淀形成或倡导的办学理念、价值观、行为规范等精神要素的内心趋同、情感接纳及主动践行等活动。因此,本研究从认知、情感和行为三个方面,将大学文化认同划分为大学文化内容认知、大学文化情感认同和大学文化行为认同三个维度。

二、调查工具设计

1. 调查问卷内容

以组织文化认同理论为指导,本研究将文化认同分为内容认知、情感认同和行为认同三个维度,从大学文化的认知层面、情感层面和行为层面设计了《大学新老校区文化认同及传承调查问卷(教师卷)》和《大学新老校区文化认同及传承调查问卷(学生卷)》。问卷第一部分为调查对象的基本信息;第二部分为师生对大学文化的认同状况调查,1~10题从大学文化的内容认知维度设题,11~16题从大学文化的情感认同维度设题,17~24题从大学文化的行为认同维度设题;第三部分为大学新校区对学校文化的传承状况,包括新老校区文化传承的效果以及传承过程中存在的问题,从传承主体、传承载体、传承效果等方面设置题项,共20题。

问卷采用李克特五级计分法,将"完全不同意"赋值为1,"不太同意"赋值为2,"不确定"赋值为3,"比较同意"赋值为4,"完全同意"赋值为5。同时根据分类间距公式,即分类间距 = (刻度宽度 - 1)/刻度宽度②,计算得出其分类间距 = (5 - 1)/5 = 0.8,以此确定师生对大学文化认

---

①Fred Mael, Blake E. Ashforth. Alumni and Their Alma Mater: A Partial Test of Reformulated Model of Organizational Identification [J]. Journal of Organizational Behavior, 1992, 13: 103 - 123.

②Reto, Felix. The Impact of Scale Width on Responses for Multi - item, Self - report Measures [J]. Journal of Targeting, Measurement and Analysis for Marketing. 2011, 19 (4): 153 - 164.

同的等级划分,即得分在 1~1.80 为非常不认同,1.81~2.60 为不太认同,2.61~3.40 为一般,3.41~4.20 为比较认同,4.21~5.00 为非常认同。

2. 问卷预调查以及项目分析

为检验所编制调查问卷的适切以及可靠程度,本研究对《大学新老校区文化认同及传承调查问卷(教师卷)》和《大学新老校区文化认同及传承调查问卷(学生卷)》进行了问卷预调查以及项目分析。对 150 名教师的预调查回收有效问卷 126 份,回收有效率为 84.0%;对 200 名在读学生的预调查回收有效问卷 189 份,回收有效率为 94.5%。本研究采用极端组比较、题项总分相关、同质性检验三种方法,对 44 个题项进行了项目分析,具体结果见表 2-1、表 2-2。

表 2-1 大学新老校区文化认同及传承调查问卷(教师卷)项目分析摘要表

题项	极端组比较	题项总分相关		同质性检验			未达标准指标数	备注
	决断值	题项与总分相关	校正题项与总分相关	题项删除后 α 值	共同性	因素负荷量		
a1 我了解我们大学的基本校史	5.706	0.635**	0.611	0.954	0.422	0.649	0	保留
a2 我了解我们大学的办学理念与目标	6.425	0.652**	0.633	0.953	0.450	0.671	0	保留
a3 我了解我们大学的校风	6.366	0.646**	0.623	0.953	0.437	0.661	0	保留
a4 我了解我们大学的教风	5.972	0.605**	0.586	0.954	0.384	0.620	0	保留
a5 我了解我们大学倡导的价值观念	7.032	0.632**	0.613	0.953	0.418	0.646	0	保留
a6 我能准确说出我们大学的校训	4.437	0.535**	0.517	0.954	0.311	0.558	0	保留

续表

题项	极端组比较 决断值	题项总分相关		同质性检验			未达标准指标数	备注
		题项与总分相关	校正题项与总分相关	题项删除后α值	共同性	因素负荷量		
a7 我可以准确地诠释我们大学校训的精神内涵	6.696	0.629**	0.601	0.954	0.402	0.634	0	保留
a8 我知道我们大学校徽的含义	7.263	0.676**	0.650	0.953	0.463	0.680	0	保留
a9 我会唱我们大学的校歌	6.116	0.566**	0.525	0.954	0.305	0.552	0	保留
a10 我对学校宣传的典型人物或事迹很熟悉	7.282	0.614**	0.585	0.954	0.384	0.619	0	保留
a11 我为我们学校的历史文化底蕴感到自豪	6.583	0.668**	0.645	0.953	0.458	0.677	0	保留
a12 我赞同我们大学的办学理念	6.788	0.630**	0.609	0.954	0.415	0.645	0	保留
a13 我认同我们大学倡导的价值观念	6.960	0.635**	0.614	0.953	0.420	0.648	0	保留
a14 我喜欢我们大学的校徽形象设计	8.365	0.626**	0.599	0.954	0.389	0.624	0	保留
a15 我喜欢我们的校歌	9.160	0.638**	0.612	0.953	0.402	0.634	0	保留
a16 我为自己能在现在的大学工作感到自豪	6.980	0.598**	0.580	0.954	0.370	0.609	0	保留

续表

题项	极端组比较 决断值	题项总分相关		同质性检验			未达标准指标数	备注
		题项与总分相关	校正题项与总分相关	题项删除后α值	共同性	因素负荷量		
a17 在工作中我常用我校的校训引领自己	7.908	0.635**	0.604	0.954	0.397	0.63	0	保留
a18 在工作中我常用我校的校歌激励自己	11.308	0.667**	0.635	0.953	0.424	0.651	0	保留
a19 在工作中我会主动遵守我们学校的管理规章制度	5.427	0.463**	0.445	0.954	0.230	0.479	0	保留
a20 在工作中我会主动践行我们的校风	7.499	0.667**	0.646	0.953	0.462	0.68	0	保留
a21 在工作中我会主动践行我们的教风	8.182	0.734**	0.716	0.953	0.558	0.747	0	保留
a22 在工作中我会以学校宣传的典型人物为榜样激励自己	7.158	0.621**	0.591	0.954	0.389	0.624	0	保留
a23 我会主动维护我们大学的形象和声誉	5.175	0.487**	0.467	0.954	0.256	0.506	0	保留
a24 我会主动向他人介绍我们大学的历史与文化	7.127	0.599**	0.577	0.954	0.366	0.605	0	保留

续表

题项	极端组比较 决断值	题项总分相关		同质性检验			未达标准指标数	备注
		题项与总分相关	校正题项与总分相关	题项删除后α值	共同性	因素负荷量		
a25 我所在大学新校区对学校文化的传承效果是	6.299	0.623**	0.604	0.954	0.389	0.624	0	保留
a26 我所在大学的校领导对在新校区传承学校文化的重视程度是	6.836	0.534**	0.511	0.954	0.287	0.536	0	保留
a27 我所在大学对在新校区传承学校的文化有明确的规划	6.947	0.559**	0.536	0.954	0.304	0.551	0	保留
a28 我校新校区在传承学校文化的过程中，校领导发挥了积极作用	6.484	0.592**	0.568	0.954	0.351	0.592	0	保留
a29 我校新校区在传承学校文化的过程中，学校职能部门领导发挥了积极作用	5.221	0.580**	0.556	0.954	0.335	0.578	0	保留
a30 我校新校区在传承学校文化的过程中，各二级学院领导发挥了积极作用	5.201	0.487**	0.452	0.954	0.222	0.471	0	保留

续表

题项	极端组比较	题项总分相关		同质性检验			未达标准指标数	备注
	决断值	题项与总分相关	校正题项与总分相关	题项删除后α值	共同性	因素负荷量		
a31 我校新校区在传承学校文化的过程中,学校的知名教授或优秀教师发挥了积极作用	6.305	0.559**	0.537	0.954	0.315	0.561	0	保留
a32 我校新校区在传承学校文化的过程中,广大普通教师发挥了积极作用	6.268	0.508**	0.479	0.954	0.252	0.502	0	保留
a33 我校新校区在传承学校文化的过程中,广大学生发挥了积极作用	7.261	0.434**	0.452	0.955	0.213	0.516	0	保留
a34 我所在学校重视向教师开展学校文化教育	6.588	0.580**	0.555	0.954	0.329	0.574	0	保留
a35 我能在大学新校区的校园建筑名称中感受到学校的文化	4.823	0.442**	0.467	0.955	0.213	0.516	0	保留
a36 我能在大学新校区的道路名称中感受到学校的文化	6.341	0.555**	0.528	0.954	0.297	0.545	0	保留

续表

题项	极端组比较	题项总分相关		同质性检验			未达标准指标数	备注
	决断值	题项与总分相关	校正题项与总分相关	题项删除后α值	共同性	因素负荷量		
a37 我能在大学新校区的校园人文景观（如校园雕塑）中感受到学校的文化	7.678	0.507**	0.481	0.954	0.252	0.502	0	保留
a38 我能在大学新校区举办的校园活动中感受到学校的文化	5.906	0.491**	0.461	0.954	0.232	0.481	0	保留
a39 我能在我们大学的新校区感受到学校文化潜移默化的影响	11.380	0.665**	0.640	0.953	0.432	0.657	0	保留
a40 我能在我们大学的新校区领悟到学校的光荣历史	6.272	0.556**	0.531	0.954	0.303	0.550	0	保留
a41 我能在我们大学的新校区感受到学校的办学特色	8.606	0.635**	0.611	0.953	0.399	0.632	0	保留
a42 我所在大学在新校区校园文化建设过程中会听取和吸收教师们的意见	6.946	0.565**	0.543	0.954	0.314	0.560	0	保留

续表

题项	极端组比较 决断值	题项总分相关 题项与总分相关	题项总分相关 校正题项与总分相关	同质性检验 题项删除后α值	同质性检验 共同性	同质性检验 因素负荷量	未达标准指标数	备注
a43 我所在大学在新校区校园文化建设过程中会听取和吸收学生们的意见	6.409	0.461**	0.476	0.955	0.212	0.503	0	保留
a44 我所在大学在新校区校园文化建设过程中会听取和吸收校友们的意见	4.615	0.441**	0.493	0.955	0.280	0.474	0	保留
判标准则	≥3.000	≥0.400	≥0.400	≤0.955（注）	≥0.200	≥0.450		

注：（1）0.955 为问卷的内部一致性 α 系数；
（2）** 表示 $p<0.01$ 水平上显著相关，* 表示 $p<0.05$ 水平上显著相关

从表 2-1 可知，教师卷 44 道题项皆达到了 6 项指标数的标准，未达标准指标数为 0 个，表明此调查表具有高度的科学性、合理性和区分度。

表 2-2　大学新老校区文化认同及传承调查问卷（学生卷）项目分析摘要表

题项	极端组比较 决断值	题项总分相关 题项与总分相关	题项总分相关 校正题项与总分相关	同质性检验 题项删除后α值	同质性检验 共同性	同质性检验 因素负荷量	未达标准指标数	备注
b1 我了解我们大学的基本校史	4.961	0.412**	0.636	0.974	0.407	0.638	0	保留
b2 我了解我们大学的办学理念与目标	5.638	0.512**	0.718	0.974	0.511	0.715	0	保留

续表

题项	极端组比较 决断值	题项总分相关		同质性检验			未达标准指标数	备注
		题项与总分相关	校正题项与总分相关	题项删除后α值	共同性	因素负荷量		
b3 我了解我们大学的校风	3.832	0.439**	0.664	0.974	0.448	0.669	0	保留
b4 我了解我们大学的学风	4.588	0.468**	0.642	0.974	0.430	0.656	0	保留
b5 我了解我们大学倡导的价值观念	6.542	0.543**	0.749	0.974	0.556	0.746	0	保留
b6 我能准确说出我们大学的校训	3.726	0.290**	0.485	0.975	0.234	0.484	0	保留
b7 我可以准确地诠释我们大学校训的精神内涵	5.568	0.539**	0.702	0.974	0.497	0.705	0	保留
b8 我知道我们大学校徽的含义	5.359	0.451**	0.68	0.974	0.472	0.687	0	保留
b9 我会唱我们大学的校歌	5.127	0.419**	0.555	0.975	0.317	0.563	0	保留
b10 我对学校宣传的典型人物或事迹很熟悉	5.469	0.533**	0.683	0.974	0.478	0.691	0	保留
b11 我为我们学校的历史文化底蕴感到自豪	7.218	0.609**	0.753	0.974	0.579	0.761	0	保留
b12 我赞同我们大学的办学理念	7.261	0.589**	0.775	0.974	0.61	0.781	0	保留

续表

题项	极端组比较	题项总分相关		同质性检验			未达标准指标数	备注
	决断值	题项与总分相关	校正题项与总分相关	题项删除后α值	共同性	因素负荷量		
b13 我认同我们大学倡导的价值观念	7.09	0.599**	0.812	0.974	0.661	0.813	0	保留
b14 我喜欢我们大学的校徽形象设计	6.289	0.596**	0.757	0.974	0.582	0.763	0	保留
b15 我喜欢我们的校歌	6.309	0.506**	0.696	0.974	0.492	0.702	0	保留
b16 我为自己能在现在的大学学习感到自豪	5.938	0.592**	0.72	0.974	0.530	0.728	0	保留
b17 在学习中我常用我校的校训引领自己	7.968	0.583**	0.797	0.974	0.640	0.800	0	保留
b18 在学习中我常用我校的校歌激励自己	7.889	0.600**	0.733	0.974	0.560	0.748	0	保留
b19 在学习中我会主动遵守我们学校的管理规章制度	5.027	0.397**	0.643	0.974	0.418	0.646	0	保留
b20 在学习中我会主动践行我们的校风	6.984	0.569**	0.787	0.974	0.635	0.797	0	保留
b21 在学习中我会主动践行我们的学风	7.411	0.573**	0.805	0.974	0.646	0.804	0	保留

续表

题项	极端组比较	题项总分相关		同质性检验			未达标准指标数	备注
	决断值	题项与总分相关	校正题项与总分相关	题项删除后α值	共同性	因素负荷量		
b22 在学习中我会以学校宣传的典型人物为榜样激励自己	7.77	0.556**	0.746	0.974	0.565	0.752	0	保留
b23 我会主动维护我们大学的形象和声誉	4.861	0.504**	0.692	0.974	0.494	0.703	0	保留
b24 我会主动向他人介绍我们大学的历史与文化	7.672	0.587**	0.77	0.974	0.607	0.779	0	保留
b25 我所在大学的新校区对学校文化的传承效果是	11.564	0.842**	0.819	0.974	0.71	0.843	0	保留
b26 我所在大学的校领导对在新校区传承学校文化的重视程度是	14.784	0.873**	0.808	0.974	0.695	0.834	0	保留
b27 我校新校区在传承学校文化的过程中，校领导发挥了积极作用	11.836	0.897**	0.795	0.974	0.674	0.821	0	保留
b28 我校新校区在传承学校文化的过程中，学校职能部门领导发挥了积极作用	14.396	0.874**	0.760	0.974	0.617	0.786	0	保留

续表

题项	极端组比较 决断值	题项总分相关		同质性检验			未达标准指标数	备注
		题项与总分相关	校正题项与总分相关	题项删除后α值	共同性	因素负荷量		
b29 我校新校区在传承学校文化的过程中,各二级学院领导发挥了积极作用	13.367	0.871**	0.742	0.974	0.590	0.768	0	保留
b30 我校新校区在传承学校文化的过程中,学校的知名教授或优秀教师发挥了积极作用	9.904	0.823**	0.781	0.974	0.640	0.800	0	保留
b31 我校新校区在传承学校文化的过程中,广大普通教师发挥了积极作用	9.072	0.820**	0.686	0.974	0.509	0.714	0	保留
b32 我校新校区在传承学校文化的过程中,广大学生发挥了积极作用	11.222	0.860**	0.758	0.974	0.610	0.781	0	保留
b33 我所在学校重视向学生开展学校文化教育	10.073	0.810**	0.695	0.974	0.526	0.726	0	保留
b34 我能在大学新校区的校园建筑名称中感受到学校的文化	13.941	0.924**	0.778	0.974	0.654	0.809	0	保留

续表

题项	极端组比较 决断值	题项总分相关		同质性检验			未达标准指标数	备注
		题项与总分相关	校正题项与总分相关	题项删除后α值	共同性	因素负荷量		
b35 我能在大学新校区的道路名称中感受到学校的文化	11.275	0.861**	0.740	0.974	0.592	0.769	0	保留
b36 我能在大学新校区的校园人文景观（如校园雕塑）中感受到学校的文化	11.669	0.898**	0.773	0.974	0.647	0.804	0	保留
b37 我能在大学新校区举办的校园活动中感受到学校的文化	12.714	0.890**	0.757	0.974	0.618	0.786	0	保留
b38 我能在我们大学新校区感受到学校文化潜移默化的影响	12.847	0.895**	0.786	0.974	0.663	0.814	0	保留
b39 我能在我们大学的新校区领悟到学校的光荣历史	12.500	0.873**	0.732	0.974	0.581	0.762	0	保留
b40 我能在我们大学的新校区感受到学校的办学特色	12.822	0.904**	0.785	0.974	0.664	0.815	0	保留

续表

题项	极端组比较 决断值	题项总分相关		同质性检验			未达标准指标数	备注
		题项与总分相关	校正题项与总分相关	题项删除后 α 值	共同性	因素负荷量		
b41 我所在大学在新校区校园文化建设过程中会听取和吸收教师们的意见	12.847	0.816**	0.765	0.974	0.612	0.782	0	保留
b42 我所在大学在新校区校园文化建设过程中会听取和吸收学生们的意见	12.085	0.834**	0.759	0.974	0.605	0.778	0	保留
b43 我所在大学在新校区校园文化建设过程中会听取和吸收校友们的意见	15.326	0.894**	0.784	0.974	0.654	0.809	0	保留
判标准则	≥3.000	≥0.400	≥0.400	≤0.975（注）	≥0.200	≥0.450		

注：(1) 0.975 为问卷的内部一致性 α 系数
(2) ** 表示 $p<0.01$ 水平上显著相关，* 表示 $p<0.05$ 水平上显著相关

从表 2-2 可知，学生卷 44 道题项皆达到了 6 项指标数的标准，未达标准指标数为 0 个，表明此调查表具有高度的科学性、合理性和区分度。

三、正式调查及样本分布

（一）抽样方法

正式调查以在校大学生和高校教师为对象，利用"问卷星"平台进行问卷发放，回收教师有效问卷 1 002 份，其中来自新校区学校的有效样本

为819份；回收学生有效问卷1363份，其中来自新校区学校的样本为1026份。本研究采用建有新校区的学校的师生样本进行统计分析。

问卷结果利用统计软件SPSS Statistics进行数据统计与分析，为体现出本次调查的可信度，笔者采用克龙巴赫α系数的检测方法，得出教师卷信度系数为0.855，学生卷信度系数为0.919，均高于0.8，表明本次问卷调查的内部一致性达到较好状态。

（二）调查对象的基本情况分析

根据表2-3，本次调查教师样本的分布情况如下：

1. 女性教师人数高于男性教师人数，且在当前学校工作6~10年的教师占多数

男教师351人，占总体的42.9%；女教师468人，占总体的57.1%，可见调查对象中女教师多于男教师。调查对象在当前学校工作年限占比较高的为6~10年区间的教师，共280人，占总体的34.2%；3~5年以及10年以上的教师人数次之，分别为259人和186人，分别占总体的31.6%和22.7%；占比最少的为2年以下工龄的教师，共94人，占总体的11.5%。

2. 本科院校教师比例较高，且多来自非"双一流"建设高校

教师卷调查对象中，来自高职高专院校的教师比例为23.6%，共193人；来自本科院校的教师比例为76.4%，共626人。而在本科院校中，来自世界一流大学建设高校的教师比例最低，有106人，占本科院校教师的16.9%；来自世界一流学科建设高校的教师有177人，占本科院校教师的28.3%；来自非"双一流"建设高校的教师有343人，占本科院教师的54.8%，所占比例最高。可见此次调查对象中，非"双一流"建设本科院校的教师人数最多。

3. 多为硕士学历，工科类、理科类和文科类居多

教师卷调查对象中受教育程度占比最高的是硕士学历，共计465人，占总体的57%；博士学历有185人，占22%；其次为本科及以下学历，共计169人，占20.6%。从所属学科情况看，文科类占比最高，共计335人，占总体的40.9%；其次是理科类和工科类，分别为253人和155人，分别占30.9%和18.9%；医科类33人，占4%；其他学科类23人，占2.8%；占比最小的为农科类，共20人，占2.4%，可见，此次教师卷调查样本所属学科有一定的涵盖面。

表2-3 教师样本分布情况（$N=819$）

人口学变量	分类项目	人数/人	百分比/%
性别	男	351	42.9
	女	468	57.1
工作时间	2年以下	94	11.5
	3~5年	259	31.6
	6~10年	280	34.2
	10年以上	186	22.7
职称	教授	39	4.8
	副教授	165	20.1
	讲师	491	60.0
	助教	124	15.1
受教育程度	本科及以下	169	20.6
	硕士	465	56.8
	博士	185	22.6
所属学科	文科类	335	40.9
	理科类	253	30.9
	工科类	155	18.9
	医科类	33	4.0
	农科类	20	2.4
	其他	23	2.8
学校层次	本科院校	626	76.4
	高职高专院校	193	23.6
学校类别	世界一流大学建设高校	106	12.9
	世界一流学科建设高校	177	21.6
	非"双一流"建设高校	536	65.5

本次学生调查样本的分布情况如表2-4所示，具体分布如下：

1. 女生人数多于男生

男生369人，占36%；女生657人，占总体人数的64%，由此可见，女生人数多于男生。

2. 本科二年级比例最高，且文科类占绝大多数

为确保此次调查数据的科学性，调查对象中本科生和研究生均占一定的比例。按照年级划分，大一学生共222人，占21.6%；大二学生286人，占27.9%；大三学生269人，占26.2%；大四学生142人，占13.8%；大五学生13人，占1.3%；博硕研究生94人，占9.2%，可见本次调查对象主要为本科生。按所属学科划分，文科类，共517人，占50.4%；其次为工科类，共192人，占18.7%；随后为理科类，共165人，占16.1%；其他学科类，共91人，占8.9%；医科类，共56人，占5.5%；农科类人数最少，共计5人，占0.5%。虽然农科类人数较少，但调查对象的专业涵盖还是较为全面的。

3. 以本科院校学生为主，多来自非"双一流"建设高校

来自本科院校的学生共计929人，占90.5%；高职高专院校的学生数量为97人，占9.5%。来自非"双一流"建设高校的学生共817人，占79.6%；来自"双一流"建设高校的学生共209人，占20.4%。

4. 新老校区人数相差无几

长住新校区的学生为484人，占总体人数的47.4%；新老校区都待过的学生人数为129人，占12.6%；长住老校区的学生为397人，占38.7%。

表2-4 学生样本分布情况（$N=1\,026$）

人口学变量	分类项目	人数/人	百分比/%
性别	男	369	36.0
	女	657	64.0
就读年级	大一	222	21.6
	大二	286	27.9
	大三	269	26.2
	大四	142	13.8
	大五	13	1.3
	研究生	94	9.2

续表

人口学变量	分类项目	人数/人	百分比/%
就读学科	工科类	192	18.7
	理科类	165	16.1
	文科类	517	50.4
	医科类	56	5.5
	农科类	5	0.5
	其他	91	8.9
学校层次	本科院校	929	90.5
	高职高专院校	97	9.5
居住校区	长住学校新校区	486	47.4
	长住学校老校区	397	38.7
	新老校区都居住过	129	12.6
	长住校外	14	1.3
学习校区	一直在老校区学习	368	35.9
	一直在新校区学习	467	45.5
	在新老校区都学习过	191	18.7
学校类别	"双一流"建设高校	209	20.4
	非"双一流"建设高校	817	79.6

第二节 大学师生对学校文化认同状况分析

一、教师对大学文化认同情况

1. 教师对大学文化整体认同状况

通过统计教师对大学文化整体认同水平和内容认知、情感认同、行为认同三个维度的均值（表2-5）及认同等级（表2-6）可知，教师对大学文化认同的整体得分均值为4.027 5，内容认知维度均值为4.078 5，情感认同维度均值为 3.989 6,行为认同维度均值为 4.014 5,都处于"比较认同"的等级。从教师对大学文化认同等级看(表 2-6),46.0% 的教师表示非常认同自己大学的文化,41.8% 表示比较认同,两者合计 87.8%;在内容认知维度,"非常认同"和"比较认同"合计 87.6%;在情感认同维度,"非常认同"和"比较认同"合计 83.5%;在行为认同维度,"非常认同"和"比较认同"合计 85.7%。说明教师整体上对大学文化比较认同。

表 2-5 教师对大学文化认同的均值   %

指标	文化认同	内容认知	情感认同	行为认同
均值	4.027 5	4.078 5	3.989 6	4.014 5
标准差	0.580 40	0.596 04	0.663 45	0.621 14

表 2-6 教师对大学文化认同的等级   %

认同程度	文化认同	内容认知	情感认同	行为认同
非常认同	46.0	49.0	41.6	46.9
比较认同	41.8	38.6	41.9	38.8
一般	10.0	9.9	12.5	11.6
不太认同	1.2	1.3	2.8	1.6
非常不认同	1.0	1.2	1.2	1.1

2. 教师对大学文化的内容认知状况

从教师对大学文化内容认知的维度,即 a1~a10 题项的认同等级统计(表 2-7)可知,90.8% 的教师对本校的校史、87.4% 的教师对本校的办学理念与目标、86.8% 的教师对本校的校风、85.7% 的教师对本校的教风、84.4% 的教师对本校倡导的价值观念、83.9% 的教师对本校的校训比较了解,但有 25.4% 的教师不了解本校校徽的含义,31.8% 的教师对本校的典型人物或事迹不了解,32.6% 的教师不会唱本校校歌。可见,教师对大学文化有较好的了解,但对校徽、校歌等典型文化符号了解不足。

表 2-7 教师对大学文化内容认知的等级　　　　　　%

题项	完全同意	比较同意	不确定	不太同意	完全不同意
a1 我了解我们大学的基本校史	29.4	61.4	5.5	2.2	1.5
a2 我了解我们大学的办学理念与目标	50.9	36.5	9.2	2.0	1.4
a3 我了解我们大学的校风	38.3	48.5	8.7	3.3	1.2
a4 我了解我们大学的教风	38.1	47.6	10.0	2.9	1.4
a5 我了解我们大学倡导的价值观念	34.8	49.6	10.4	3.7	1.5
a6 我能准确说出我们大学的校训	54.2	29.7	9.8	4.5	1.8
a7 我可以准确地诠释我们大学校训的精神内涵	27.5	46.2	19.2	5.1	2.0
a8 我知道我们大学校徽的含义	35.5	39.1	16.0	7.4	2.0
a9 我会唱我们大学的校歌	35.0	32.4	14.8	11.1	6.7
a10 我对学校宣传的典型人物或事迹很熟悉	25.0	43.2	22.1	7.6	2.1

3. 教师对大学文化的情感认同状况

通过对大学文化情感认同的维度，即 a11~a16 题项的认同情况进行统计（表 2-8）可知，79.1% 的教师对自己所在大学拥有自豪感，80.0% 的教师认同本校的办学理念，82.3% 的教师认同本校倡导的价值观，78.4% 的教师为自己学校的历史文化底蕴感到自豪，但教师对大学校徽形象设计和校歌的情感认同度相对较低，仅有 66.2% 和 62.3% 的教师喜欢自己大学校徽的形象设计和校歌。可见，教师对大学文化情感上比较认同，大多数教师比较赞同本校的办学理念与价值观念，对自己大学的历史文化拥有较强的文化自豪感，但对校徽、校歌等典型文化符号的情感认同度较低。

表2-8 教师对大学文化情感认同的等级　　　　　%

题项	完全同意	比较同意	不确定	不太同意	完全不同意
a11 我为我们学校的历史文化底蕴感到自豪	37.5	41.6	13.6	4.9	2.4
a12 我赞同我们大学的办学理念	35.4	44.6	14.5	3.9	1.6
a13 我认同我们大学倡导的价值观念	35.2	47.1	11.6	4.4	1.7
a14 我喜欢我们大学的校徽形象设计	27.0	39.2	20.4	10.8	2.6
a15 我喜欢我们的校歌	26.3	36.0	22.2	11.6	3.9
a16 我为自己能在现在的大学工作感到自豪	43.1	43.2	8.9	2.8	2.0

4. 教师对大学文化的行为认同状况

通过对大学文化行为认同的维度，即 a17~a24 题项的认同情况进行统计（表2-9）可知，90.1%的教师会主动维护本校的形象和声誉，88.2%的教师在工作中能主动遵守本校的规章制度，85.8%的教师能主动践行本校的教风，81.2%的教师能主动践行本校的校风，73.3%的教师会用本校典型人物激励自己，72.9%的教师会主动向他人介绍自己大学的历史与文化，71.1%的教师在工作中会用校训引领自己，52.9%的教师在工作中会常用校歌激励自己。可见，大多数教师能主动维护本校的形象与声誉，积极践行本校的校风和教风，但对校歌等的行为认同程度相对较低。

表2-9 教师对大学文化行为认同的等级　　　　　%

题项	完全同意	比较同意	不确定	不太同意	完全不同意
a17 在工作中我常用我校的校训引领自己	26.4	44.7	17.1	8.9	2.9
a18 在工作中我常用我校的校歌激励自己	20.3	32.6	21.4	18.4	7.3
a19 在工作中我会主动遵守我们学校的管理规章制度	48.7	39.4	8.4	2.1	1.4

续表

题项	完全同意	比较同意	不确定	不太同意	完全不同意
a20 在工作中我会主动践行我们的校风	37.6	43.6	13.6	3.2	2.0
a21 在工作中我会主动践行我们的教风	38.2	47.6	9.4	3.2	1.6
a22 在工作中我会以学校宣传的典型人物为榜样激励自己	32.4	40.9	18.3	6.1	2.3
a23 我会主动维护我们大学的形象和声誉	53.2	36.9	7.3	1.7	0.9
a24 我会主动向他人介绍我们大学的历史与文化	30.4	42.5	17.9	7.7	1.5

5. 教师人口学变量对大学文化认同的影响分析

对教师的性别和所属学科采取独立样本 T 检验，并采用单因素方差分析方法对教师的在校工作时间、职称、居住情况，以及学校类别等变量对大学文化的整体认同及三个维度的影响进行分析。

由表 2-10 可知，教师对大学文化的整体认同程度在性别、职称、在校工作时间和学校类别等变量间不存在显著性差异，但在所属学科和居住地点两个变量间存在显著性差异。理工科专业的教师对本校文化的认同度高于人文社科类教师，长住新校区的教师对本校文化的认同度高于长住老校区的教师，长住校外的教师对本校文化的认同度最低。

表 2-10 教师的人口学变量与大学文化认同差异分析（$N=819$）

人口学变量	分类项目	均值	标准差	Sig	是否显著
性别	男	4.002 1	0.615 21	0.285	否
	女	4.046 6	0.552 75		

续表

人口学变量	分类项目	均值	标准差	Sig	是否显著
工作时间	5年以下	4.0094	0.55859	0.652	否
	6~10年	4.0494	0.52677		
	11~15年	4.0007	0.69636		
	16~20年	3.9890	0.67730		
	20年以上	4.1278	0.70208		
职称	教授	4.0122	0.84344	0.616	否
	副教授	3.9760	0.63073		
	讲师	4.0392	0.54184		
	助教	4.0546	0.56457		
学校类别	世界一流大学建设高校	4.1289	0.49273	0.152	否
	世界一流学科建设高校	4.0213	0.52874		
	非"双一流"建设高校	4.0095	0.61093		
所属学科	理工科	4.0739	0.51865	0.006	是
	人文社科	3.9599	0.65520		
居住情况	长住新校区	4.0939	0.53364	0.031	是
	长住老校区	3.9995	0.57159		
	长住校外	3.9747	0.63150		

说明：均值差的显著性水平为0.05

由表2-11可知，教师对大学文化的内容认知在性别、职称、在校工作时间和学校类别四个变量间不存在显著性差异，但在所属学科和居住地点两个变量间存在显著性差异。理工科专业的教师对本校文化内容的了解程度高于人文社科类教师，长住新校区的教师对本校文化内容的了解程度高于长住老校区的教师，长住校外的教师对本校文化内容的了解程度最低。

表2-11 教师的人口学变量与大学文化内容认知差异分析（$N=819$）

人口学变量	分类项目	均值	标准差	Sig	差异是否显著
性别	男	4.084 6	0.624 04	0.802	否
	女	4.073 9	0.574 78		
工作时间	5年以下	4.040 5	0.594 66	0.433	否
	6~10年	4.113 3	0.500 79		
	11~15年	4.057 6	0.730 82		
	16~20年	4.131 6	0.591 43		
	20年以上	4.166 7	0.797 72		
职称	教授	4.015 8	0.825 45	0.792	否
	副教授	4.055 2	0.636 63		
	讲师	4.093 9	0.560 40		
	助教	4.068 0	0.600 22		
学校类别	世界一流大学建设高校	4.183 0	0.530 85	0.150	否
	世界一流学科建设高校	4.071 9	0.545 55		
	非"双一流"建设高校	4.060 0	0.622 58		
所属学科	理工科	4.129 4	0.526 39	0.003	是
	人文社科	4.004 2	0.679 11		
居住情况	长住新校区	4.146 8	0.546 35	0.032	是
	长住老校区	4.044 9	0.574 54		
	长住校外	4.027 9	0.659 30		

说明：均值差的显著性水平为0.05

由表2-12可知，教师对大学文化的情感认同在职称、学校类别、在校工作时间和居住地点四个变量间不存在显著性差异，但在性别和所属学科两个变量间存在显著性差异。女教师对本校文化的情感认同程度高于男教师，理工科专业的教师对本校文化的情感认同程度高于人文社科类教师。

表 2-12 教师的人口学变量与大学文化情感认同差异分析（$N=819$）

人口学变量	分类项目	均值	标准差	Sig	是否显著
性别	男	3.927 4	0.692 15	0.021	是
	女	4.036 3	0.637 84		
工作时间	5 年以下	3.979 1	0.642 38	0.623	否
	6~10 年	4.017 9	0.617 07		
	11~15 年	3.944 4	0.755 18		
	16~20 年	3.894 7	0.820 55		
	20 年以上	4.077 8	0.752 60		
职称	教授	3.912 3	0.975 48	0.303	否
	副教授	3.921 2	0.717 23		
	讲师	4.002 0	0.613 06		
	助教	4.054 7	0.664 23		
学校类别	世界一流大学建设高校	4.111 6	0.582 24	0.121	否
	世界一流学科建设高校	3.985 0	0.590 06		
	非"双一流"建设高校	3.967 0	0.699 08		
所属学科	理工科	4.040 5	0.601 23	0.008	是
	人文社科	3.915 4	0.739 68		
居住情况	长住新校区	4.058 0	0.603 17	0.058	否
	长住老校区	3.961 8	0.651 19		
	长住校外	3.934 2	0.731 40		

说明：均值差的显著性水平为 0.05

由表 2-13 可知，教师对大学文化的行为认同在性别、职称、在校工作时间、学校类别和居住地点五个变量间不存在显著性差异，但在所属学科间存在显著性差异。理工科专业的教师对本校文化的行为认同程度高于人文社科类教师。

表 2-13 教师的人口学变量与大学文化行为认同差异分析（$N=819$）

人口学变量	分类项目	均值	标准差	Sig	是否显著
性别	男	3.994 3	0.664 38	0.429	否
	女	4.029 6	0.586 89		
工作时间	5年以下	4.008 7	0.592 95	0.658	否
	6~10年	4.017 0	0.593 39		
	11~15年	4.000 0	0.698 49		
	16~20年	3.940 8	0.742 49		
	20年以上	4.138 9	0.723 60		
职称	教授	4.108 6	0.856 79	0.414	否
	副教授	3.951 5	0.700 69		
	讲师	4.021 6	0.577 27		
	助教	4.041 0	0.592 45		
学校类别	世界一流大学建设高校	4.092 0	0.512 44	0.386	否
	世界一流学科建设高校	4.007 0	0.589 41		
	非"双一流"建设高校	4.001 6	0.650 26		
所属学科	理工科	4.051 7	0.555 78	0.038	是
	人文社科	3.960 2	0.703 11		
居住情况	长住新校区	4.076 7	0.566 99	0.065	否
	长住老校区	3.991 7	0.612 03		
	长住校外	3.962 0	0.681 09		

说明：均值差的显著性水平为 0.05

二、学生对大学文化认同情况

1. 学生对大学文化整体认同状况

通过统计学生对大学文化整体认同水平和内容认知、情感认同和行为认同三个维度的均值（表 2-14）及认同等级（表 2-15）可知，学生对大学文化认同的整体得分均值为 3.576 1，内容认知维度均值为 3.692 5，情感认同维度均值为 3.806 4，行为认同维度均值为 3.727 5，说明学生对大学文化认同处于中等偏上程度。从学生对大学文化认同等级看（表 2-15），11.8%的学生表示非常认同自己大学的文化，55.1%表示比较认同，两者合计 66.9%；在内容认知维度，"非常认同"和"比较认同"合计 71.5%；在情感认同维度，"非常认同"和"比较认同"合计 77.4%；在行为认同维度，"非常认同"和"比较认同"合计 69.5%。

表 2-14　学生对大学文化认同的均值

指标	文化认同	内容认知	情感认同	行为认同
均值	3.576 1	3.692 5	3.806 4	3.727 5
标准差	0.551 50	0.609 37	0.713 46	0.677 91

表 2-15　学生对大学文化认同的等级　　　　　　　　%

认同程度	文化认同	内容认知	情感认同	行为认同
非常认同	11.8	14.9	25.1	21.2
比较认同	55.1	56.6	49.2	48.2
一般	28.3	22.5	20.3	25.9
不太认同	4.2	5.1	4.7	3.8
非常不认同	0.6	0.9	0.7	0.7

2. 学生对大学文化的内容认知状况

从学生对大学文化内容认知的维度，即 b1~b10 题项的认同等级统计（表 2-16）可知，65.8%的学生对本校的校史、74.3%的学生对本校的办学理念与目标、76.9%的学生对本校的校风、76.3%的学生对本校的学风、70.9%的学生对本校倡导的价值观念、72.7%的学生对大学校训比较了解，但有 55.0%的学生对本校的典型人物或事迹不了解，50.6%的学生不了解本校校徽的含义，48.1%的学生不会唱本校校歌，45.2%的学生不能准确诠释自己大学校训的精神内涵。可见，学生对大学文化有一定程度的了解，但对校徽、校歌、校训内涵等典型文化符号了解尚不足。

表 2-16 学生对大学文化内容认知的等级　　　　　　　%

题项	完全同意	比较同意	不确定	不太同意	完全不同意
b1 我了解我们大学的基本校史	11.1	54.7	22.2	10.3	1.7
b2 我了解我们大学的办学理念与目标	22.3	51.9	18.9	5.6	1.3
b3 我了解我们大学的校风	27.0	49.9	17.6	4.4	1.1
b4 我了解我们大学的学风	25.3	51.0	18.3	4.5	0.9
b5 我了解我们大学倡导的价值观念	20.2	50.7	22.3	5.9	0.9
b6 我能准确说出我们大学的校训	46.1	26.6	16.8	7.0	3.5
b7 我可以准确地诠释我们大学校训的精神内涵	15.3	39.5	30.9	11.1	3.2
b8 我知道我们大学校徽的含义	18.0	31.4	29.4	16.0	5.2
b9 我会唱我们大学的校歌	25.8	26.1	18.2	18.1	11.7
b10 我对学校宣传的典型人物或事迹很熟悉	12.4	32.7	33.0	16.4	5.6

3. 学生对大学文化的情感认同状况

通过对大学文化情感认同的维度，即 b11～b16 题项的认同情况进行统计（表 2-17）可知，65.4% 的学生对能在自己大学学习拥有自豪感，69.3% 的学生为自己学校的历史文化底蕴感到自豪，74.7% 的学生赞同本校的办学理念，79.0% 的学生认同本校倡导的价值观念，53.9% 和 66.7% 的学生喜欢自己大学的校歌和校徽形象设计。可见，学生对大学文化情感上认同程度一般，对校徽、校歌等典型文化符号的情感认同度较低。

表 2-17 学生对大学文化情感认同的等级统计　　　　　%

题项	完全同意	比较同意	不确定	不太同意	完全不同意
b11 我为我们学校的历史文化底蕴感到自豪	29.8	39.5	20.6	7.6	2.5
b12 我赞同我们大学的办学理念	30.1	44.5	17.8	6.1	1.5
b13 我认同我们大学倡导的价值观念	31.1	48.0	14.8	5.1	1.0

续表

题项	完全同意	比较同意	不确定	不太同意	完全不同意
b14 我喜欢我们大学的校徽形象设计	27.4	39.3	18.0	12.2	3.1
b15 我喜欢我们的校歌	24.6	29.3	24.4	15.2	6.5
b16 我为自己能在现在的大学学习感到自豪	27.0	38.4	19.7	10.1	4.8

4. 学生对大学文化的行为认同状况

通过对大学文化行为认同的维度，即 b17~b24 题项的认同情况进行统计（表 2-18）可知，88.3% 的学生会主动维护本校的形象和声誉，86.0% 的学生在学习中能主动遵守本校的规章制度，75.5% 的学生能主动践行本校的学风，73.1% 的学生能主动践行本校的校风，但仅有 58.7% 的学生会用本校典型人物激励自己，57.4% 的学生会主动向他人介绍自己大学的历史与文化，50.2% 的学生在学习中会用自己学校的校训引领自己，32.7% 的学生在学习中会常用自己学校的校歌激励自己。可见，大多数学生能主动维护学校的形象与声誉，主动遵守学校的规章制度，积极践行学校的校风、学风，但对校训和校歌的行为认同程度相对较低。

表 2-18　学生对大学文化行为认同的等级　　　　　　%

题项	完全同意	比较同意	不确定	不太同意	完全不同意
b17 在学习中，我常用我校的校训引领自己	14.4	35.8	25.9	18.0	5.9
b18 在学习中，我常用我校的校歌激励自己	12.3	20.5	27.1	24.9	15.2
b19 在学习中，我会主动遵守我们学校的管理规章制度	43.7	42.3	8.4	3.7	1.9
b20 在学习中，我会主动践行我们的校风	25.0	48.1	20.0	5.5	1.4
b21 在学习中，我会主动践行我们的学风	26.3	49.2	17.7	5.4	1.4

续表

题项	完全同意	比较同意	不确定	不太同意	完全不同意
b22 在学习中，我会以学校宣传的典型人物为榜样激励自己	23.3	35.4	26.3	12.0	3.0
b23 我会主动维护我们大学的形象和声誉	47.9	40.4	8.1	2.5	1.1
b24 我会主动向他人介绍我们大学的历史与文化	23.1	34.3	23.8	13.7	5.1

5. 学生人口学变量对大学文化认同的影响分析

对性别、就读学科、学校类型三个因素采取独立样本T检验，对就读年级、居住校区、学习校区进行单因素方差分析（表2-19）可知，从对大学文化认同的均值看，男生与女生、本科生与研究生、"双一流"建设高校学生与非"双一流"建设高校学生没有显著性差异，说明学生对大学文化的认同不受性别、就读学科和学校类型等因素影响。文科专业学生对大学文化的认同程度高于理工科学生，长住学校新校区的学生对大学文化的认同程度高于长住老校区及新老校区都居住过的学生，一直在新校区学习的学生对大学文化的认同程度高于一直在老校区学习及新老校区都学习过的学生，且这几类的差异达到显著水平，说明居住校区、学习校区和就读学科会影响学生对大学文化的认同。

表2-19 学生的人口学变量与大学文化认同差异分析（$N=1\,026$）[①]

人口学变量	分类项目	均值	标准差	Sig	是否显著
性别	男	3.533 5	0.530 61	0.060	否
	女	3.600 0	0.561 88		
就读年级	大一	3.566 8	0.544 40	0.955	否
	大二	3.565 9	0.530 97		
	大三	3.597 6	0.523 30		
	大四	3.582 2	0.588 23		
	研究生	3.560 7	0.640 79		

① 注：大五学生校本较少，暂不纳入统计分析。

续表

人口学变量	分类项目	均值	标准差	Sig	是否显著
就读学科	文科	3.615 9	0.563 14	0.020	是
	理科	3.535 7	0.536 96		
居住校区	长住学校新校区	3.634 5	0.545 44	0.006	是
	长住学校老校区	3.537 6	0.538 01		
	新老校区都居住过	3.499 0	0.572 07		
学习校区	一直在老校区学习	3.525 5	0.559 91	0.018	是
	一直在新校区学习	3.628 9	0.573 82		
	新老校区都学习过	3.544 5	0.463 55		
学校类别	"双一流"建设高校	3.608 3	0.453 26	0.345	否
	非"双一流"建设高校	3.567 9	0.573 89		

说明：均值差的显著性水平为0.05

三、师生对大学文化认同存在的主要问题

对大学文化的认同是进行新老校区文化传承的基础，本研究通过调查发现，目前大学师生对大学文化认同存在以下问题。

1. 师生对大学文化的了解还有待进一步加深

校训、校徽、校歌、校风、学风常常是一所大学文化的凝练与体现，也是师生了解、接受和传承大学文化最常见的文化符号，办学理念与目标则集中反映着一所大学的价值追求，潜移默化中对学生产生浸染、教育与熏陶。让师生充分了解、领会这些文化内容，是高校提升师生对学校组织文化认同与传承的基础。但本次调查显示（表2-20），师生对大学文化的了解及内涵理解还有待进一步提高。25.4%的教师不了解本校校徽的含义，31.8%的教师对本校的典型人物或事迹不了解，32.6%的教师不会唱本校校歌。有两三成学生对本校的校史、办学理念与目标、倡导的价值观念、校风、学风及校训不了解，55.0%的学生对本校的典型人物或事迹不了解，50.6%的学生不了解本校校徽的含义，48.1%的学生不会唱本校校歌，45.2%的学生不能准确诠释自己大学校训的精神内涵。

表 2-20 师生对大学文化内容认知的等级　　　　　　　　%

题项	完全同意		比较同意		不确定		不太同意		完全不同意	
	教师	学生	教师	学生	教师	学生	教师	学生	教师	学生
a1/b1 我了解我们大学的基本校史	29.4	11.1	61.4	54.7	5.5	22.2	2.2	10.3	1.5	1.7
a2/b2 我了解我们大学的办学理念与目标	50.9	22.3	36.5	51.9	9.2	18.9	2.0	5.6	1.4	1.3
a3/b3 我了解我们大学的校风	38.3	27.0	48.5	49.9	8.7	17.6	3.3	4.4	1.2	1.1
a4/b4 我了解我们大学的教（学）风	38.1	25.3	47.6	51.0	10.0	18.3	2.9	4.5	1.4	0.9
a5/b5 我了解我们大学倡导的价值观念	34.8	20.2	49.6	50.7	10.4	22.3	3.7	5.9	1.5	0.9
a6/b6 我能准确说出我们大学的校训	54.2	46.1	29.7	26.6	9.8	16.8	4.5	7.0	1.8	3.5
a7/b7 我可以准确地诠释我们大学校训的精神内涵	27.5	15.3	46.2	39.5	19.2	30.9	5.1	11.1	2.0	3.2
a8/b8 我知道我们大学校徽的含义	35.5	18.0	39.1	31.4	16.0	29.4	7.4	16.0	2.0	5.2
a9/b9 我会唱我们大学的校歌	35.0	25.8	32.4	26.1	14.8	18.2	11.1	18.1	6.7	11.7
a10/b10 我对学校宣传的典型人物或事迹很熟悉	25.0	12.4	43.2	32.7	22.1	33.0	7.6	16.4	2.1	5.6

2. 师生对大学文化的归属感还需精心涵养

组织文化的情感认同具有凝聚人心、提升成员组织归属感的作用。对大学文化的情感认同体现的是学生对自己大学所产生的一种情感与心理的归属感，对于培养学生对大学的忠诚具有重要作用。但本次调查显示（表

2-21），大学还需要精心涵养师生对大学文化的归属感。17.7%的教师不认同自己大学倡导的价值观念，20.0%的教师不赞同自己大学的办学理念，20.9%的教师无法对自己学校的历史文化底蕴产生自豪感，33.8%的教师不喜欢自己大学的校徽设计，37.7%的教师不喜欢自己大学的校歌。20.9%的学生不认同自己大学倡导的价值观念，25.4%的学生不赞同自己大学的办学理念，30.7%的学生无法对自己学校的历史文化底蕴产生自豪感，33.3%的学生不喜欢自己大学的校徽设计，46.1%的学生不喜欢自己大学的校歌，34.6%的学生无法产生在校学习的自豪感。

表2-21 师生对大学文化情感认同的等级　　　　　　　　%

题项	完全同意		比较同意		不确定		不太同意		完全不同意	
	教师	学生	教师	学生	教师	学生	教师	学生	教师	学生
a11/b11 我为我们学校的历史文化底蕴感到自豪	37.5	29.8	41.6	39.5	13.6	20.6	4.9	7.6	2.4	2.5
a12/b12 我赞同我们大学的办学理念	35.4	30.1	44.6	44.5	14.5	17.8	3.9	6.1	1.6	1.5
a13/b13 我认同我们大学倡导的价值观念	35.2	31.1	47.1	48.0	11.6	14.8	4.4	5.1	1.7	1.0
a14/b14 我喜欢我们大学的校徽形象设计	27.0	27.4	39.2	39.3	20.4	18.0	10.8	12.2	2.6	3.1
a15/b15 我喜欢我们的校歌	26.3	24.6	36.0	29.3	22.2	24.4	11.6	15.2	3.9	6.5
a16/b16 我为自己能在现在的大学工作（学习）感到自豪	43.1	27.0	43.2	38.4	8.9	19.7	2.8	10.1	2.0	4.8

3. 大学文化对师生的激励与引导作用发挥还不充分

大学文化既是一种组织文化，也是一种教育资源，它既有一般组织文化所具有的调节与规范成员行为的管理作用，也具有作为教育资源的激励与引导学生的育人功能。本次调查显示（表2-22），除a19、a21和a23外，教师对大学文化的行为认同度并不高，大学文化对教师的激励与引导作用发挥得还不充分，18.8%的教师表示不会主动践行校风，26.7%的教师表示本校的典型人物无法激励自己，28.9%的教师表示不能用校训引领自己，47.1%的教师表示校歌不能激励自己。相比于教师，除b19和b23外，大学文化对学生的激励与引导作用发挥得更加不充分，24.5%的学生表示不会主动践行学风，26.9%的学生表示不会主动践行校风，41.3%的学生表示本校的典型人物无法激励自己，49.8%的学生表示不能用校训引领自己，67.2%的学生表示校歌不能激励自己。

表2-22 师生对大学文化行为认同的等级　　　　　　%

题项	完全同意		比较同意		不确定		不太同意		完全不同意	
	教师	学生	教师	学生	教师	学生	教师	学生	教师	学生
a17/b17 在工作（学习）中，我常用我校的校训引领自己	26.4	14.4	44.7	35.8	17.1	25.9	8.9	18.0	2.9	5.9
a18/b18 在工作（学习）中，我常用我校的校歌激励自己	20.3	12.3	32.6	20.5	21.4	27.1	18.4	24.9	7.3	15.2
a19/b19 在工作（学习）中，我会主动遵守我们学校的管理规章制度	48.7	43.7	39.4	42.3	8.4	8.4	2.1	3.7	1.4	1.9
a20/b20 在工作（学习）中，我会主动践行我们的校风	37.6	25.0	43.6	48.1	13.6	20.0	3.2	5.5	2.0	1.4
a21/b21 在工作（学习）中，我会主动践行我们的教（学）校风	38.2	26.3	47.6	49.2	9.4	17.7	3.2	5.4	1.6	1.4

续表

题项	完全同意		比较同意		不确定		不太同意		完全不同意	
	教师	学生	教师	学生	教师	学生	教师	学生	教师	学生
a22/b21 在工作（学习）中，我会以学校宣传的典型人物为榜样激励自己	32.4	23.3	40.9	35.4	18.3	26.3	6.1	12.0	2.3	3.0
a23/b23 我会主动维护我们大学的形象和声誉	53.2	47.9	36.9	40.4	7.3	8.1	1.7	2.5	0.9	1.1
a24/b24 我会主动向他人介绍我们大学的历史与文化	30.4	23.1	42.5	34.3	17.9	23.8	7.7	13.7	1.5	5.1

第三节　师生对大学校训认同状况分析

大学校训、校歌、校徽等典型文化符号在校园文化传承与建设中具有独特的作用。清华大学前校长顾秉林在接待中国台湾新竹清华大学校长陈力俊时说："大学有三宝，校训、校友和校园。"① 可见，校训是大学重要的文化资源，是大学的文化象征。校训就像精神纽带，将学生、教师、大学乃至校友紧紧联系在一起，同时又是重要的教育资源，具有重要的文化育人功能，师生对校训的认同对于增进凝聚力和对学校的文化自信具有重要意义。本部分采用问卷调查法，分析师生对大学校训的认同状况和校训认同中存在的问题，为促进师生对大学校训的认同与践行提出参考建议。

---

① 胡显章．"自强不息　厚德载物"[N]．光明日报，2014-06-20（6）．

一、研究设计

1. 调查工具

校训既是大学文化的核心，也是反映大学价值观的重要文化符号和载体。本研究以组织文化认同理论为基础，将校训认同划分为内容认知、情感认同和行为认同三个维度，设计了《大学校训认同调查问卷（学生卷）》和《大学校训认同调查问卷（教师卷）》。问卷包括两部分，第一部分为调查对象的基本情况，包括性别、所在学校类别及层次、学习阶段、专业类别、所就读大学是否建有新校区、住宿情况以及平时上课所在校区情况，共8题；第二部分为师生对大学校训的认同状况调查，共18个问题，其中1~8题为校训内容认知，9~11题为情感认同，12题为行为认同，13~18题为校训对师生产生的影响。问卷采用李克特五级计分法，"完全不同意""不太同意""不确定""比较同意""完全同意"分别计1~5分。

2. 调查及样本分布

正式调查以在校大学生和教师为对象，采用"问卷星"电子问卷发放形式，回收学生问卷1 060份，回收教师问卷892份。

本次调查的学生样本分布特征是：女生616人，占58.1%，男生444人，占41.9%；本科院校学生941人，占88.85%，专科生119人，占11.25%；大一~大三分布比较均衡，大一学生299人，占28.2%，大二学生328人，占30.9%，大三学生240人，占22.7%，大四学生142人，占13.4%，研究生51人，占4.8%；理工科学生多于文科生，文科生447人，占42.2%，理工科学生613人，占57.8%；从就读学校类型看，以非"双一流"建设高校的学生为主，有747人，占70.5%，来自"双一流"建设高校的学生有313人，占29.5%；815人所在学校建有新校区，占76.9%，245人所在学校没有新校区，占23.1%。

本次调查的教师样本分布特征是：女教师512人，占57.4%，男教师380人，占42.6%；以青年教师为主，35岁以下教师619人，占69.4%，36~45岁教师235人，占26.3%，46岁以上教师有38人，占4.3%；来自本科院校的教师有631人，占70.75%，高职高专院校教师261人，占29.25%；从工作的学校类型看，来自"双一流"建设高校的教师有594

人，占 55.4%，来自非"双一流"建设高校的教师有 398 人，占 44.6%；从职称看，教授 13 人，占 1.5%，副教授 156 人，占 17.5%，讲师 559 人，占 62.7%，助教 164 人，占 18.3%；来自理工科的教师有 563 人，占 63.1%，来自文科的教师有 329 人，占 36.9%；有博士学位的老师 163 人，占 18.3%，有硕士学位的老师 510 人，占 57.2%，本科及以下的老师 219 人，占 24.5%；733 人所在学校建有新校区，占 82.2%，159 人所在学校没有新校区，占 17.8%。

3. 统计分析工具及信度检验

问卷利用统计软件 SPSS Statistics 20 进行数据统计与分析，采用克龙巴赫 α 系数检验方法，学生卷的信度系数为 0.996，教师卷的信度系数为 0.902，表明本次问卷调查的内部一致性达到较好状态。

二、学生对大学校训认同状况调查结果分析

1. 学生对大学校训整体上比较认同

通过问卷调查结果的统计可知，学生对大学校训整体认同均值水平为 3.706 8，处于"比较认同"程度。从三个维度看，内容认知均值为 3.573 9，情感认同均值为 3.822 0，行为认同均值为 3.724 5。通过对整体认同等级的统计可知，18.6% 的学生选择"完全认同"，55.1% 的学生选择"比较认同"，21.9% 的学生选择"基本认同"，选择"不太认同"和"完全不认同"的仅占 4.5%，说明学生对大学校训整体上比较认同。

2. 学生对大学校训的认同不受性别、就读年级、就读学科专业类别和学校类型影响，但会受学习校区因素影响

对性别、就读学科、学校类型三个因素采取独立样本 T 检验，对就读年级和学习校区进行单因素方差分析（表 2 - 23）可知，从学生对大学校训整体认同的均值看，男女生、不同年级学生、文理科学生、"双一流"建设高校学生与非"双一流"建设高校学生相差不大，没有达到显著性差异，说明学生对大学校训的认同不受性别、就读年级、就读学科专业类别和学校类型等因素影响；而长在新校区学习的学生对校训的认同度要显著高于长在老校区及新老校区都学习过的学生，且差异达到显著水平，说明学生学习所在的校区会影响其对大学校训的认同程度。

表 2-23 学生人口学变量对大学校训认同的影响分析

人口学变量	分类项目	均值	标准差	Sig	是否显著
性别	男	3.670 1	0.610 38	0.092	否
	女	3.733 3	0.595 86		
就读年级	大一	3.711 4	0.622 66	0.130	否
	大二	3.719 0	0.579 98		
	大三	3.686 3	0.581 62		
	大四	3.637 4	0.680 48		
就读学科	理工科	3.690 5	0.592 99	0.303	否
	文科	3.729 6	0.615 29		
学习校区	长在老校区学习	3.658 4	0.630 51	0.016	是
	老校区多新校区少	3.689 5	0.553 29		
	老校区少新校区多	3.671 8	0.596 85		
	长在新校区学习	3.788 6	0.569 86		
学校类别	"双一流"建设高校	3.731 6	0.568 45	0.386	否
	非"双一流"建设高校	3.696 4	0.616 29		

说明：（1）均值差的显著性水平为 0.05；
（2）就读年级中，由于研究生样本较少，暂不纳入统计分析

3. 学生对大学校训的认知停留在表层内容

通过对校训内容认知各题项统计（表 2-24）可知，学生对校训的认知主要停留在表层内容，还有 28.7% 的学生不能准确说出自己大学的校训，仅有 39.7% 的学生了解自己学校校训的来源，仅有 41.1% 的学生了解自己学校校训形成历史，仅有 42.8% 的学生了解与本校校训有关的历史人物或故事，仅有 54.2% 的学生能准确理解所在大学校训的精神内涵。

表 2-24　学生对大学校训内容认知情况统计　　　　　　%

内容认知	完全不同意	不太同意	不确定	比较同意	完全同意
我能够准确地说出所在大学的校训	2.5	9.0	17.3	33.0	38.3
我了解所在大学校训的来源	6.8	20.3	33.2	28.6	11.1
我了解所在大学校训的形成历史	9.3	20.2	29.3	31.1	10.0
我了解与所在大学校训有关的历史人物或故事	8.7	18.4	30.1	31.2	11.6
我所在大学的校训凝练了学校的办学理念	1.8	4.8	20.8	49.4	23.2
我所在大学的校训反映了学校的办学特色	1.3	7.0	21.9	42.3	27.5
我所在大学的校训体现了学校的校风	1.5	6.9	20.0	44.3	27.3
我能准确理解所在大学校训的精神内涵	3.8	12.5	29.6	37.0	17.1

4. 学生对校训的情感认同还有待进一步涵养

通过对校训情感认同各题项统计（表 2-25）可知，学生对校训的情感认同还有待进一步培育与提升，仅有 64.4% 的学生表示喜欢自己大学校训的书写风格，仅有 73.1% 的学生欣赏所在大学校训的文化精神，仅有 69.8% 的学生为自己大学校训所具有的丰富内涵感到自豪，还有两三成的学生对自己所在大学校训情感上不太认同。

表 2-25　学生对大学校训情感认同情况统计　　　　　　%

情感认同	完全不同意	不太同意	不确定	比较同意	完全同意
我喜欢所在大学校训的书写风格	2.2	11.9	21.5	43.6	20.8
我欣赏所在大学校训的文化精神	1.9	6.3	18.7	46.8	26.3
我为所在大学校训所具有的丰富内涵感到自豪	2.2	9.0	19.1	38.1	31.6

5. 学生对校训的行为认同还有待提高

通过对校训行为认同题项统计可知，在问及学生能否主动践行所在大学校训的精神时，仅有18.7%的学生表示"完全同意"，45.8%的学生表示"比较同意"，26.2%的学生表示"不确定"，7.7%的学生表示"不太同意"，1.5%的学生表示"完全不同意"，可见有近三成的学生对自己所在大学校训行为上不太认同，学生对校训的行为认同有待进一步提高。

6. 大学校训发挥了一定的育人效果，但还有较大提升空间

校训作为学校重要的精神文化资源，具有重要的育人作用，通过对校训育人效果的调查统计（表2-26）可知，有57.9%的学生认为校训能激励自己努力学习，但还有42.1%的学生认为校训没能激励自己努力学习；有68.1%的学生认为校训对自己价值观的形成产生了积极影响，但还有31.9%的学生认为校训对自己价值观的形成没有产生积极影响；60.4%的学生认为校训对自己的学习生活起到了规范作用，但还有39.6%的学生认为校训对自己的学习生活没有起到规范作用；有62.0%的学生认为校训对自己产生了潜移默化的感染与熏陶，但还有38.0%的学生认为校训没有对自己产生潜移默化的感染与熏陶；有71.8%的学生认为校训对自己大学阶段的个人素质养成产生了积极影响，但还有28.2%的学生认为校训没有对自己大学阶段的个人素质养成产生积极影响。可见，大学校训在潜移默化地感染与熏陶学生、激励学生努力学习、促进学生价值观形成、规范学生学习生活与为人处事态度及个人素质养成等方面发挥了一定的教育影响，但这种育人作用还有较大提升空间。

表2-26 大学校训育人效果统计 %

育人效果	完全不同意	不太同意	不确定	比较同意	完全同意
我所在大学的校训能激励我努力学习	3.9	11.9	26.3	37.8	20.1
我所在大学的校训对我产生了潜移默化的感染与熏陶	2.7	10.7	24.6	43.4	18.6
我所在大学的校训对我价值观的形成产生了积极影响	1.9	8.1	21.9	44.6	23.5
我所在大学的校训对我的学习生活起到了规范作用	3.3	9.9	26.4	40.0	20.4

续表

育人效果	完全不同意	不太同意	不确定	比较同意	完全同意
我所在大学的校训对我为人处世的态度起到了规范作用	3.6	8.1	23.7	43.2	21.4
我所在大学的校训对我大学阶段的个人素质养成产生了积极影响	2.1	6.8	19.3	48.8	23.0

三、教师对大学校训认同状况调查结果分析

1. 教师群体对自己大学的校训比较认同

通过问卷调查结果的统计可知，教师对大学校训的认同水平高于学生群体，整体认同均值水平为4.0641，处于"比较认同"程度。从三个维度看，内容认知均值为4.0221，情感认同均值为4.0534，行为认同均值为4.1166。通过对整体认同等级的统计可知，47.8%的教师选择"完全认同"，40.8%的教师选择"比较认同"，9.1%的教师选择"基本认同"，选择"不太认同"和"完全不认同"的仅占2.3%，说明教师群体对大学校训整体上比较认同。

2. 教师对大学校训的认同不受性别、年龄、所属学科、职称和受教育程度等因素影响

对性别、所属学科、学校类别三个因素采取独立样本T检验，对年龄、职称和受教育程度进行单因素方差分析（表2-27）可知，教师对大学校训的认同不受性别、年龄、所属学科、职称和受教育程度等因素影响。

表2-27 教师人口学变量对大学校训认同的影响分析

人口学变量	分类项目	均值	标准差	Sig	是否显著
性别	男	4.0728	0.55149	0.691	否
	女	4.0576	0.57228		

续表

人口学变量	分类项目	均值	标准差	Sig	是否显著
年龄	青年教师	4.088 9	0.521 05	0.125	否
	中年教师	4.001 1	0.652 29		
	中老年教师	4.049 0	0.615 29		
所属学科	文科	4.033 9	0.600 20	0.234	否
	理工科	4.081 7	0.540 27		
职称	助教	4.061 3	0.572 87	0.422	否
	讲师	4.081 9	0.517 18		
	副教授	4.017 2	0.658 87		
	教授	3.895 3	0.989 68		
受教育程度	本科及以下	4.030 6	0.527 29	0.481	否
	硕士	4.066 8	0.548 43		
	博士	4.100 5	0.650 28		
学校类别	"双一流"建设高校	4.064 1	0.563 26	0.322	否
	非"双一流"建设高校	4.042 8	0.619 54		

说明：均值差的显著性水平为 0.05

3. 教师对大学校训有一定了解，但对校训蕴意的了解还需要加强

通过对校训内容认知各题项统计（表2-28）可知，教师对自己所在学校的校训有一定程度的了解，86.0%的教师能准确说出自己大学的校训，82.6%的教师认为校训凝练了学校的办学理念，81.8%的教师认为自己所在大学的校训体现了学校的校风，80.2%的教师认为自己大学的校训反映了学校的办学特色，但仅有69.7%的教师了解自己学校校训的来源，仅有70.9%的教师了解自己学校校训的形成历史，仅有71.3%的教师了解与所在大学校训有关的历史人物或故事，仅有78.4%的教师能准确理解所在大学校训的精神内涵。可见，教师对自己所在大学校训内涵及蕴意的了解还要加强。

表 2-28　教师对大学校训内容认知情况统计　　　　　　　　%

内容认知	完全不同意	不太同意	不确定	比较同意	完全同意
我能够准确地说出所在大学的校训	1.0	3.8	9.2	42.8	43.2
我了解所在大学校训的来源	2.5	8.6	19.2	42.5	27.2
我了解所在大学校训的形成历史	2.9	7.5	18.7	42.3	28.6
我了解与所在大学校训有关的历史人物或故事	2.3	8.1	18.3	42.9	28.4
我所在大学的校训凝练了学校的办学理念	1.6	2.7	13.1	48.9	33.7
我所在大学的校训反映了学校的办学特色	1.2	5.4	13.3	43.7	36.4
我所在大学的校训体现了学校的校风	1.4	3.3	13.5	42.7	39.1
我能准确理解所在大学校训的精神内涵	1.2	4.5	15.9	46.1	32.3

4. 教师对校训符号形式的情感认同还有待进一步涵养

通过对校训情感认同各题项统计（表 2-29）可知，85.9% 的教师欣赏所在大学校训的文化精神，82.0% 的教师为自己大学校训所具有的丰富内涵感到自豪，但仅有 68.0% 的教师表示喜欢自己大学校训的书写风格，说明教师对校训符号形式的情感认同还有待进一步提升。

表 2-29　教师对大学校训情感认同情况统计　　　　　　　　%

情感认同	完全不同意	不太同意	不确定	比较同意	完全同意
我喜欢所在大学校训的书写风格	2.1	10.4	19.4	40.5	27.6
我欣赏所在大学校训的文化精神	0.8	3.9	9.4	50.8	35.1
我为所在大学校训所具有的丰富内涵感到自豪	1.3	3.7	13.0	37.9	44.1

5. 教师对校训的行为认同程度较高

通过对校训行为认同题项统计可知，在问及教师能否主动践行所在大学校训的精神时，有 33.4% 的教师表示"完全同意"，50.0% 的教师表示

"比较同意"，两者合计 83.4%，但还有 12.0% 的教师表示"不确定"，4.0% 的教师表示"不太同意"，0.6% 的教师表示"完全不同意"，说明教师对校训的行为认同程度相对较高。

6. 大学校训发挥了一定的教育与管理作用，但还有较大提升空间

校训作为学校重要的文化资源，对学生而言具有重要的育人功能，对教师而言还具有重要的管理功能。通过对大学校训教育与管理效果的调查统计（表2-30）可知，有 77.5% 的教师认为校训能激励自己努力工作，但还有 22.5% 的教师认为校训没能激励自己努力工作；有 78.5% 的教师认为校训对自己价值观的形成产生了积极影响，但还有 21.5% 的教师认为校训对自己价值观形成没有产生积极影响；有 76.2% 的教师认为校训对自己的教学科研工作起到了规范作用，但还有 23.8% 的教师认为校训对自己的教学科研工作没有起到规范作用；有 76.6% 的教师认为校训对自己产生了潜移默化的感染与熏陶，但还有 23.4% 的教师认为校训没有对自己产生潜移默化的感染与熏陶；有 74.1% 的教师认为所在大学的校训对自己的为人处事起到了规范作用，但还有 25.9% 的教师认为校训没有对自己的为人处事起到规范作用；有 79.8% 的教师认为校训对自己的个人素质养成产生了积极影响，但还有 20.2% 的教师认为校训没有对自己的个人素质养成产生积极影响。可见，大学校训在潜移默化地感染与熏陶教师、激励教师努力工作、促进教师价值观形成、规范教师教学科研工作与为人处事态度及个人素质养成等方面发挥了一定的教育与管理作用，但这种作用还有较大提升空间。

表2-30　大学校训教育与管理效果统计　　　　　%

教育与管理效果	完全不同意	不太同意	不确定	比较同意	完全同意
我所在大学的校训能激励我努力工作	1.4	6.5	14.6	44.4	33.1
我所在大学的校训对我产生了潜移默化的感染与熏陶	1.7	6.2	15.5	48.2	28.4
我所在大学的校训对我价值观的形成产生了积极影响	1.3	5.5	14.7	44.3	34.2
我所在大学的校训对我的教学科研工作起到了规范作用	1.2	5.3	17.2	44.1	32.2

续表

教育与管理效果	完全不同意	不太同意	不确定	比较同意	完全同意
我所在大学的校训对我为人处事的态度起到了规范作用	2.0	7.0	16.9	43.5	30.6
我所在大学的校训对我个人素质的养成产生了积极影响	1.8	4.5	13.9	44.1	35.8

四、提升师生对大学校训认同的建议

大学校训是学校精神文化的集中体现，也是学校文化的支柱与灵魂。校训要有效发挥文化育人的作用，认同既是前提，也是基础。但通过上述分析可知，师生对大学校训认同还存在一些问题，为了进一步提升师生对大学校训的认同，从而更好地发挥校训文化的教育与管理功能，提出如下建议：

1. 强化学校对校训的宣传教育，积极打造特色鲜明的校训文化区

本研究调查表明，还有不少教师和学生对自己学校的校训缺乏了解，对校训的深层认识还比较缺乏。对于广大师生来说，形成文化认同离不开学校的宣传教育，学校的宣传有助于师生全面认识和了解校训的由来、传承与发展，全面掌握校训的精神内涵。因此，学校要重视对以校训为核心的学校文化的宣传教育活动，并使之成为一项常态化活动，而不仅仅是作为新生入学教育和新教师入职教育的一项任务。比如天津大学每年都会举办校史演绎大赛、开展"天大的故事"征集活动，设立以学校历史人物命名的"宣怀班""含英班""天麟班"等高层次人才培养平台，面向社会举办"海棠季"校园文化展示活动，促进学生对大学文化的理解和感悟[1]。高校管理者还可积极打造特色鲜明的校训文化区。所谓文化区是"一组文化特质聚集的地理区"[2]，高校可围绕校训这一大学精神文化，采用雕塑、

---

[1] 靳晓燕，甄澄. 为"校训的故事"点赞 [N]. 光明日报，2014-7-29（06）.
[2] 凯文·马尔卡希. 公共文化、文化认同与文化政策 [M]. 北京：商务印书馆，2017：153.

景观小品、宣传栏等多种方式，在校内打造以校训文化为核心的大学文化区，吸收不同师生参与校内文化创造，让师生在参与中感悟，在感悟中创造、在创造中升华对校训文化内涵与理念的理解，从而更好地培养师生对校训的认同。比如四川大学在新校区建了一条学校文化长廊，从立校之初到今日辉煌，展现四川大学在校训精神激励下的发展奋斗历史。这成为了四川大学新生入学的第一课，让学生们在认识和感悟"海纳百川，有容乃大"的校训文化的同时，树立了日后学习生活的美好愿景，成为日后分散去往其他校区也剪不断的精神纽带①。

2. 深入挖掘校训文化资源，以故事传承校训文化

校训是一所高校办学理念和办学实践积淀的产物，高校在发展过程中，通常都会形成大量反映校训精神的宝贵文化资源，尤其是学校不同时期涌现的优秀师生代表，他们以实际行动践行着大学校训，成为学校宝贵的文化资源，学校要加强对这些校训文化资源的挖掘与整理。对学生来说，自己学校优秀校友的事迹是对校训精神的最生动的诠释，往往可以成为激励学生努力学习与成长的精神力量，对学生的校训认同具有显著的积极影响。故事是传承组织文化最生动的载体，学校可积极邀请优秀校友出席各种重大典礼活动，与学生分享他们笃行校训的故事。学校还要善于挖掘历史上的优秀人物事迹，将其改编成故事或校园剧，以学生喜闻乐见的方式进行校训文化传播。

3. 大学领导者身体力行，做校训认同的引领示范者

在组织文化建设过程中，主要领导者通常会对组织文化的塑造、形成与传承产生重要影响。在大学文化传承中，学校领导作为学校的关键人物，起着重要的示范带头作用，他们的身体力行具有重要的文化象征意义，传递出对校训文化的认同。校领导的示范"无声胜有声"，对大学师生乃至其他群体都具有巨大的激励与引领作用。尤其是在当今规模巨大、学科复杂的大学，校领导可以通过个人的文化魅力，弥合各群体间的分歧，实现对校训的文化认同。就像南开大学的张伯苓校长，立校时定下了"允公允能，日新月异"的校训，一生都为师生亲身诠释"公能"精神，深入学生生活，关心教师工作。南开大学在他的示范激励下，涌现出了一

---

① 危兆盖，李晓东，曹薇. 历久弥新川大魂 [N]. 光明日报，2014-06-25 (06).

批批优秀师生，践行着校训精神，在抗日战火中坚持办学，传承学校薪火①。校领导通过自身对校训的认同和行为对校训的再现，可以对师生发挥巨大的示范作用。

4. 加强以校训为代表的学校文化管理，凸显校训的文化价值

文化管理的目的是集体文化的传承，是让组织文化和组织价值观得以彰显，得到组织成员的广泛认同与传承。学校对校训建设的重视程度，对师生的校训认同具有重要影响。校训作为无形的精神文化资源，需要具体的制度保障才能凸显其文化价值。因此，学校要加强以校训为代表的学校文化管理，要不断完善校园文化保障制度，明确校园文化建设的牵头职能部门，建立校园文化建设的校内协调运行机制，加强以校训为代表的校园文化建设规划，将校训文化从无形转化为有形，使师生能够感知到校训的存在，看到校训的价值。比如复旦大学就将校训固化为学校重要的文化符号，将校训写入人手一册的《教师手册》和《学生手册》；将校训印在新生入学通知书最醒目的地方，让新生能在第一时间了解和感悟校训精神；将校训纳入学校视觉识别系统（Visual identity system，简称 VI），作为名片、PPT、展板等模板的要素②。学校通过文化管理，不仅能使师生了解校训，也能实现对师生日常行为的规范与潜移默化的影响。

---

①陈建强. "公能校训"的"济世情怀" [N]. 光明日报，2014 - 05 - 09（06）.
②靳晓燕，甄澄. 为"校训的故事"点赞 [N]. 光明日报，2014 - 07 - 29（06）.

第三章 基于师生视角的大学新校区传承学校文化状况分析

第一节 大学新校区传承学校文化的现状

师生是大学文化传承的重要主体，也是学校文化传承的对象，还是学校文化传承效果的直接感受者。本章从师生视角出发，研究分析新校区传承学校文化的状况，以及存在的主要问题。

一、大学新校区传承学校文化的价值

作为一种文化资源，学校文化同时具有育人和管理两大价值。在新校区积极传承学校文化，同样具有重要的育人和管理两方面的价值。

1. 延续学校文化传统

学校文化是广大师生共同认同并主动践行的一套价值观念与行为规范的总和，不同学校也因其各具特色的学校文化而相互区别开来。在新校区传承学校文化可以使新校区师生感受并更好地延续学校的文化传统。

2. 营造一体化的育人环境

大学新校区建设之初，普遍存在文化根基差、底子薄等问题。老校区在长期办学过程中形成的学校文化是一种重要的教育资源，每个学校也因其富有特色的文化而使其培养的学生带上了鲜明的本校特色，如北京大学与清华大学。而大学新校区由于物理空间的隔离，要让新校区师生感受到学校文化的影响，就需要重视与加强学校文化的传承，以此在新的物理空间延续学校的文化传统，让新校区师生感受到学校的办学理念。

3. 增强身份认同

文化是一套为全体成员所共同遵守的价值观念与行为规范，它具有身份标识的作用，不同的文化可以使不同的群体区别开来，共享相同的文化可使成员之间获得群体身份认同。对大学组织成员而言，学校文化同样具有身份认同的作用。在新校区传承学校文化，有助于化解新校区师生因远离老校区而出现的身份隔离现象，增强新校区师生对大学的身份认同。

二、大学新校区传承学校文化的现状

通过对来自建有新校区的大学的 819 位教师和 1 026 位学生的调查分析可知，多数大学比较重视在新校区传承大学文化，多元主体在传承学校文化中的积极作用得到师生初步认可，高校基本能利用多样化载体进行大学文化传承，大学文化在新校区的传承效果得到师生初步认可。

1. 大学文化在新校区的传承效果得到师生初步认可

本次调查围绕大学新校区对学校文化的传承效果设计了四个题项，其中一个是师生对传承效果的总体评价，另外三个是从师生切身感受的角度，评价新校区传承学校文化的效果。在师生的总体评价中（表 3-1），16.4% 的教师认为传承效果非常好，60.0% 认为比较好，两者合计 76.4%；16.7% 的学生认为传承效果非常好，53.5% 认为比较好，两者合计 70.2%；可见有七成师生认为总体传承效果比较好。

表 3-1　师生对所在大学新校区学校文化的传承效果评价及均值　　%

对象	非常好	比较好	一般	不太好	非常不好	均值
教师	16.4	60.0	18.9	3.8	1.0	3.87
学生	16.7	53.5	24.7	4.1	1.1	3.80

从师生对新校区传承学校文化效果的切身感受角度（表 3-2）看，67.7% 的教师和 62.1% 的学生表示自己能在新校区感受到学校文化潜移默化的影响；64.7% 的教师和 55.3% 的学生表示自己能在新校区领悟到学校的光荣历史；74.5% 的教师和 67.8% 的学生表示自己能在新校区感受到学校的办学特色。尽管师生存在一定差距，但也反映出大学新校区传承学校文化的效果得到师生初步认可。

表3-2 基于师生切身感受的对大学新校区学校文化传承效果统计　%

项目	对象	完全同意	比较同意	不确定	不太同意	完全不同意
a38/b38 我能在我们大学的新校区感受到学校文化潜移默化的影响	教师	26.9	40.8	20.8	8.8	2.8
	学生	21.4	40.6	24.8	9.6	3.5
a39/b39 我能在我们大学的新校区领悟到学校的光荣历史	教师	23.8	40.9	20.1	12.1	3.1
	学生	19.5	35.8	25.5	14.4	4.8
a40/b40 我能在我们大学的新校区感受到学校的办学特色	教师	27.2	47.3	16.1	7.6	1.8
	学生	23.5	44.3	20.0	8.7	3.5

从师生对新校区传承学校文化效果的评价均值看，教师为3.87，学生为3.80，处于中等偏上程度。根据师生所处不同校区进行单因素方差分析可知（表3-3、表3-4），无论哪个校区的教师和学生，对所在大学新校区学校文化传承效果的评价都没有显著差异存在。

表3-3 不同校区教师对学校文化传承效果的评价差异

所在校区	N	平均数	标准偏差	F[①]	Sig
长在新校区	438	3.87	0.796	0.005	0.995
新老校区都有	100	3.87	0.747		
长在老校区	281	3.86	0.711		

表3-4 不同校区学生对学校文化传承效果的评价差异

所在校区	N	平均数	标准偏差	F	Sig
长在新校区	484	3.81	0.809	0.195	0.823
新老校区都有	137	3.77	0.816		
长在老校区	405	3.81	0.78		

①F值为组间和组内的离差平方和与自由度的比值。

2. 多数学校比较重视在新校区传承大学文化

对师生关于"学校领导对在新校区传承大学文化的重视程度"的调查结果（表3-5）显示，40.8%的教师认为学校领导"非常重视"，38.1%认为"比较重视"，两者合计78.9%，选择"一般""不太重视"和"非常不重视"的合计21.1%。学生中，31.2%认为学校领导"非常重视"，39.7%认为"比较重视"，两者合计70.9%，选择"一般""不太重视"和"非常不重视"的合计29.1%。可见，超过七成的师生都认为所在学校领导比较重视在新校区传承大学的文化。

表3-5 学校领导对在新校区传承大学文化的重视程度统计　　%

对象	非常重视	比较重视	一般	不太重视	完全不重视
教师	40.8	38.1	16.4	4.0	0.7
学生	31.2	39.7	23.6	4.5	1.1

3. 多元主体在传承学校文化中的积极作用得到师生初步认可

一所大学的文化是高校管理者和师生长期积淀的结果，广大师生和管理者既是大学文化的创造者，也是大学文化传承的主体。在新校区传承学校文化，既需要发挥校院两级领导、知名专家教授等"关键少数人"的示范带头作用，也需要广大师生的广泛参与。本调查（表3-6）显示，77.0%的教师认为校领导在新校区传承学校文化的过程中发挥了积极作用，73.7%的教师认为学校职能部门领导发挥了积极作用，66.1%的教师认为各二级学院领导发挥了积极作用，77.7%的教师认为学校的知名教授或优秀教师发挥了积极作用，72.0%的教师认为广大普通教师发挥了积极作用，65.4%的教师认为学生发挥了积极作用。而66.0%的学生认为校领导发挥了积极作用，65.7%的学生认为学校职能部门领导发挥了积极作用，66.8%的学生认为各二级学院领导发挥了积极作用，70.5%的学生认为学校的知名教授或优秀教师发挥了积极作用，69.2%的学生认为广大普通教师发挥了积极作用，66.7%的学生认为学生发挥了积极作用。由此可见，在新校区传承学校文化的过程中，学校、职能部门和各二级学院领导、知名教授或优秀教师及广大师生等多元主体都能参与其中，他们在学校文化传承中的积极作用得到师生初步认可。

表 3-6　多元主体在新校区传承学校文化过程中的作用统计　　　%

项目	对象	完全同意	比较同意	不确定	不太同意	完全不同意
a27/b27 我校新校区在传承学校文化的过程中，校领导发挥了积极作用	教师	28.8	48.2	16.5	4.9	1.6
	学生	23.5	42.5	26.5	5.9	1.6
a28/b28 我校新校区在传承学校文化的过程中，学校职能部门领导发挥了积极作用	教师	31.1	42.6	18.7	5.7	1.8
	学生	21.1	44.6	26.1	6.7	1.5
a29/b29 我校新校区在传承学校文化的过程中，各二级学院领导发挥了积极作用	教师	24.2	41.9	24.1	8.3	1.6
	学生	23.9	42.9	25.0	6.8	1.5
a30/b30 我校新校区在传承学校文化的过程中，学校的知名教授或优秀教师发挥了积极作用	教师	33.3	44.3	17.1	3.5	1.7
	学生	25.7	44.7	22.7	5.8	1.1
a31/b31 我校新校区在传承学校文化的过程中，广大普通教师发挥了积极作用	教师	32.8	39.2	20.6	6.1	1.2
	学生	23.2	46.0	23.9	5.6	1.4
a32/b32 我校新校区在传承学校文化的过程中，广大学生发挥了积极作用	教师	25.8	39.7	23.1	9.8	1.7
	学生	26.9	39.8	24.0	7.45	1.9

4. 高校基本能利用多样化载体进行大学文化传承

"建筑作为人类文化的现象之一，被誉为'文化的纪念碑'"[①]，校园建筑、校内道路、校园景观小品及校内活动是文化传承的重要载体。"大学是文化传播的重要场所，大学内的楼名成为检验一所大学历史文化的重

---

①陈剑，蒲向军. 基于建筑载体的大学校园文化传承与创新研究——以华中师范大学为例 [J]. 华中建筑, 2018, 36 (05): 102-105.

要印记。"① 在新校区传承学校文化的过程中,除了需要多元主体积极参与外,还需要利用多样化载体进行传承。本调查显示(表3-7),高校基本上能利用校园建筑、校内道路、校园人文景观及校内活动等载体进行大学文化的传承,66.9%的教师表示自己能在大学新校区的校园建筑名称中感受到学校的文化,63.4%的教师表示自己能在大学新校区的道路名称中感受到学校的文化,73.6%的教师表示自己能在大学新校区的校园人文景观中感受到学校的文化,75.1%的教师表示自己能在大学新校区举办的校园活动中感受到学校的文化;而59.6%的学生表示自己能在大学新校区的校园建筑名称中感受到学校的文化,57.7%的学生表示自己能在大学新校区的道路名称中感受到学校的文化,64.2%的学生表示自己能在大学新校区的校园人文景观中感受到学校的文化,65.0%的学生表示自己能在大学新校区举办的校园活动中感受到学校的文化。比较可知,学生群体对多样化载体在新校区传承学校文化过程中作用的评价略低于教师群体。

表3-7 多样化载体在新校区传承学校文化过程中的作用情况统计   %

项目	对象	完全同意	比较同意	不确定	不太同意	完全不同意
a34/b34 我能在大学新校区的校园建筑名称中感受到学校的文化	教师	30.2	36.8	19.9	10.4	2.8
	学生	24.5	35.2	22.6	13.3	4.5
a35/b35 我能在大学新校区的道路名称中感受到学校的文化	教师	24.5	38.8	19.7	12.6	4.4
	学生	23.8	33.9	21.5	15.5	5.3
a36/b36 我能在大学新校区的校园人文景观(如校园雕塑)中感受到学校的文化	教师	30.9	42.7	17.3	6.6	2.4
	学生	24.7	39.6	20.2	12.3	3.3
a37/b37 我能在大学新校区举办的校园活动中感受到学校的文化	教师	28.7	46.4	15.0	7.4	2.4
	学生	23.7	41.3	23.2	8.9	2.9

---

① 邬大光. 文化传承中的厦门大学典故 [J]. 厦门大学学报(哲学社会科学版), 2018 (04): 47-57.

第二节　大学新校区传承学校文化存在的主要问题

尽管大学新校区传承学校文化已有较大成效，但还存在以下问题：

1. 面向师生开展的大学文化教育有待进一步加强

广大师生作为新校区传承学校文化的主体，提升其对学校文化的认知与了解是促进学校文化有效传承的基础。但本次调查（表3-8）显示，仅有72.2%的教师认为学校重视向教师开展学校文化教育，还有27.8%的教师认为学校不太重视；而学生中，也仅有72.0%的学生认为学校重视向他们开展学校文化教育，尚有28.0%的学生认为学校重视不足。前述表3-6的结果也表明，尽管有七成师生认为学校领导比较重视在新校区传承大学的优秀文化，但依然有21.1%的教师和29.1%的学生认为学校领导的重视不足。

表3-8　学校重视向教师（学生）开展学校文化教育情况的统计结果　%

对象	完全同意	比较同意	不确定	不太同意	完全不同意
教师	28.8	43.3	18.3	7.7	1.8
学生	27.6	44.4	18.7	7.7	1.6

2. 多元主体在新校区传承学校文化过程中的作用发挥还有待提高

如表3-6所示，23.0%的教师认为校领导在新校区传承学校文化的过程中没有发挥积极作用，26.3%的教师认为学校职能部门领导没有发挥积极作用，33.9%的教师认为各二级学院领导没有发挥积极作用，22.3%的教师认为学校的知名教授或优秀教师没有发挥积极作用，28.0%的教师认为广大普通教师没有发挥积极作用，34.6%的教师认为学生没有发挥积极作用。而在对学生的调查中，34.0%认为校领导没有发挥积极作用，34.3%认为学校职能部门领导没有发挥积极作用，33.2%认为各二级学院领导没有发挥积极作用，29.5%认为学校的知名教授或优秀教师没有发挥积极作用，30.8%认为广大普通教师没有发挥积极作用，33.3%认为学生群体没有发挥积极作用。由此可见，在新校区传承学校文化的过程中，虽然学校、职能部门及各二级学院领导和知名教授等多元主体参与其中，但其作用发挥还不充分，有待进一步提升。

3. 学校要进一步重视与加强新校区传承学校文化的规划工作

校园文化规划是学校在新校区进行文化建设以及有效传承老校区文化的基础。调查显示，66.3%的教师认为自己所在大学对在新校区传承学校的文化有明确的规划，25.2%的教师不确定学校有此类规划，还有8.5%的教师认为学校没有相关规划，可见教师认为学校对新校区传承学校文化的规划工作还需进一步加强。

4. 学校对自身校史文化资源的挖掘、整理与利用还不充分

每所学校的文化都是历史积淀的产物，对学校历史的认知与了解是文化传承的基础和前提。加强大学自身校史文化资源的整理与挖掘，并将其融入学校新校区的公共建筑、校园道路、校内人文景观及各种活动之中，既有助于提升师生对学校文化形成过程的了解，有助于师生准确理解学校文化的精神内涵，也有助于夯实新校区传承学校文化的基础。如表3-7所示，虽然学校能利用公共建筑、校园道路、校内景观等多种载体进行大学文化传承，但依然有33.1%的教师和40.4%的学生表示在大学新校区的建筑名称中感受不到学校的文化，36.7%的教师和42.3%的学生表示在大学新校区的道路名称中感受不到学校的文化，26.3%的教师和35.8%的学生表示在大学新校区的校园人文景观中感受不到学校的文化，24.8%的教师和35.0%的学生表示在大学新校区举办的校园活动中感受不到学校的文化。表3-2的结果也显示，35.3%的教师和44.7%的学生表示自己无法在新校区领悟到学校的光荣历史。由此可见，新校区在传承学校文化的过程中，对多样化载体的利用和自身校史文化资源的挖掘还不充分，还没有将校史文化资源有效融入新校区的校园文化建设之中。

第四章　组织文化传承视域下的大学新校区文化景观建设

第一节　校园文化景观的类别

文化景观概念最早由美国学者索尔于20世纪20年代提出，他认为"文化景观是任何特定时期内形成的构成某一地域特征的自然与人文因素的复合体"[1]，是"附加在自然景观上的各种人类活动形态"[2]，而波格丹诺夫把文化景观解释为人类积极地有目的地参与而形成的景观[3]，它是自然与人为因素相互作用的结果，这其实是对文化景观的广义定义。文化景观也是文化地理学研究的五大主题之一[4]，延伸到教育领域则形成了校园文化景观研究。

大学校园本就是人与自然相互作用的结果，根据对文化景观的广义定义，可将广义的大学文化景观定义为大学空间内形成的自然因素与人文因素的综合体，包括校园地表景观、绿植景观、建筑景观、水体景观、语言景观、雕塑景观、纪念碑石景观、校园铺装、校园景观小品及师生的饮食

---

[1] Sauer Carl O. The Morphology of Land Scape [J]. University of California Publications in Geography, 1925 (2): 19 – 54.

[2] Sauer Carl O. Recent Development in Cultural Geography [A]. Hayes E D. Recent Development in the Social Sciences [C]. New York: Lippincott, 1929: 98 – 118.

[3] 汤茂林. 文化景观的内涵及其研究进展 [J]. 地理科学进展, 2000 (01): 70 – 79.

[4] Wagner Pilip L, Mikesell Mavin W. Readings in Cultural Geography [M]. Chicago: The University of Chicago Press, 1962.

服饰等。狭义的大学文化景观可定义为学校出于教育和文化传承目的而积极建造的人文景观，它以物化形式承载着一定的价值或意义，可分为校园历史景观、校园纪念景观、校园教育景观、校园艺术景观和校园语言景观等。大学文化景观能够影响和塑造师生的情感经验、认知思维与理念意识，具有重要的教育价值和文化意义，它是校园公共空间中常见的文化符号之一，也是承载和传承校园文化的物质载体和传播媒介。一方面，大学通过校园文化景观的建造，营造良好的教育环境，实现教育师生的育人价值；另一方面，校园文化景观也是大学文化的重要载体和传播媒介，具有传承大学文化并向师生及外界传播的重要功能。

建设新校区曾是我国众多高校应对高等教育扩招引发的办学空间不足的共同选择。在完成校园硬件建设后，如何规划建设新校区的校园文化以及传承好老校区的优秀文化，以克服新校区面临的"文化传承不畅、功能发挥不明显"[1]、新老校区文化主体联系阻隔[2]和学校文化断层[3]等问题，成为提升新校区办学水平的应有之义。在校园文化景观建设方面，大学新校区没有太多历史包袱，相当于一块白板，只要规划得当，通常可获得后发优势。本研究从校园文化传承的视角，对建有新校区的河北七所高校校园文化景观进行了实地调查，分析大学新校区文化景观建设存在的主要问题，并在此基础上提出改进校园文化景观建设以更好促进大学文化传承的建议。

第二节 大学新校区文化景观传承校园文化的方法

一、理论基础：组织传播媒体双重能力理论

该理论由席特金·萨克利夫和巴里奥斯·肖普兰于1992年针对组织传

---

[1] 刘一华，任康丽. 高校新校区校园文化建设的检视与对策 [J]. 西南石油大学学报（社会科学版），2013，15（02）：114-118.

[2] 韩延明，张洪高. 我国大学新校区文化建设的检视与沉思 [J]. 江苏高教，2010（01）：42-45.

[3] 李丹. 高校图书馆与新校区校园文化建设 [J]. 河北联合大学学报（医学版），2014，16（02）：272-273.

播媒体充裕度理论而提出。由理查德·达夫特和罗伯特·兰格尔于20世纪80年代提出的媒体充裕度理论认为，各种组织传播的任务具有不同程度的歧义性与模糊性，应根据这些歧义性或模糊性，来选择具有不同信息传达能力的传播渠道。他们根据传播渠道具有的"可获得即时回馈、多种提示的使用、自然语言的使用及媒体的个人化倾向"这四个特质的多少，将组织传播渠道划分为充裕媒体和贫乏媒体——同时具备这四个或大部分特质的媒体传播渠道为充裕媒体，完全不具备或较少具备这些特质的媒体为贫乏媒体。而组织传播媒体双重能力理论认为，"组织传播媒体不只有充裕与贫乏之分，每种组织传播媒体都具有传达两种资讯的能力：一是传达资料的能力，二是传达意义的能力"①。传达资料的能力指媒体有效传达与任务有关的资料的能力，传达意义的能力指媒体传达象征意义的能力，比如传达组织的态度、情感与价值观。

文化景观的构成要素可划分为物质和价值两大系统②，校园文化景观也由物质与价值两大要素系统构成，物质要素主要指校园文化景观的用材、外观设计与色彩等要素，价值要素主要指校园文化景观通过文化符号所承载和传达的思想观念、精神信念与价值观等文化要素。从组织传播媒体视角来看，校园文化景观既是大学校园文化的有机组成部分（物质形态的校园文化），也是高校组织文化的载体和重要的传播媒介之一，具有传达资讯与传达意义的双重能力。如校园道路和校园建筑等的名称，既有传达交通信息和标识建筑的作用，也可向师生传达校园人文传统与历史等信息，还具有传承学校的办学理念及价值观念等的"达意"功能。

二、研究对象

本章以河北七所高校新校区的文化景观为研究对象，分别用字母代称为河北H大学、河北R大学、河北S大学、河北J大学、河北K大学、河北G大学、华北L大学。本研究采用狭义的大学校园文化景观定义，包括校园历史景观、校园纪念景观、校园教育景观、校园艺术景观和校园语言

---

①凯瑟琳·米勒. 组织传播 [M].陈淑珠，郭欣春，曾慧琦，译. 台北：五南图书出版公司，1998：299-300.

②吴庆洲. 文化景观营建与保护 [M].北京：中国建筑工业出版社，2016.

景观等进行分析，校园地表景观、校园建筑景观、绿植景观、水体景观、校园铺装等暂不纳入研究。

三、资料收集方法

通过对河北省七所高校的新老校园文化景观进行实地走访，拍照收集资料，然后进行整理、归类和统计。共收集一手照片1 460张，其中河北H大学221张、河北R大学208张、河北S大学231张、河北J大学213张、河北K大学200张、河北G大学198张、华北L大学189张，符合本研究对象的照片共889张。

四、大学新校区文化景观传承校园文化的方法

文化景观既是大学的物质文化，也是校园文化传承的重要载体。在大学新校区进行学校文化传承，可采用老校区文化景观原貌移植、将旧文化元素改造利用成新景观、将非景观性材料转化为校园文化景观和典型校园文化景观再现四种方法。

1. 老校区文化景观原貌移植

老校区经过漫长岁月的打磨，其校园文化逐渐具备了与别校不同的特点，存在一部分具有代表性的文化景观，经过历史积淀，逐渐成为大学校园的标志性文化符号，成为一所学校的代名词。因此，将老校区中一些具有代表性的、特色鲜明的文化景观按照原貌移植至新校区，将其作为一个历史性的主题来塑造，完整真实地展示校园文化发展的脉络，可起到承接老校园历史文化的作用。

如河北S大学在迁移校园地址时，就采用了文化景观原貌移植的方法，将老校区的校训石景观原貌移植到了新校区（图4-1和图4-2）。该校训石从河北S大学正式成立，就存在于这座拥有百年历史的校园中，几经变迁，依然矗立，用无声的方式记录着校园的历史，见证着河北S大学的发展和改变。百年来，河北S大学为国家培养出一代代优秀的人民教师、各个领域的人才与骨干力量，多少师生的青春是在校训石前度过的，它被视为学校的标志性和象征性景观，成为S大学人心中永恒的记忆。建立新校区后，老校区的校训石作为一个纪念性的标志物，被整

体迁移到新校区综合教学楼前的空地上。校训石不仅标志着学校的办学理念与精神追求，也是全体师生集体回忆的物质载体，是校园历史的重要见证。

图 4-1　河北 S 大学老校区校训石　　图 4-2　河北 S 大学新校区校训石

2. 将旧文化元素改造利用成新景观

不少大学在办学过程中逐渐形成了具有重要意义的文化景观元素，这些文化景观是老校区发展的见证者，也是老校区师生美好回忆的载体，是校园文化的重要符号之一。在校园变迁过程中，若对此类文化元素不能有意识地加以利用，而是随意拆除或废弃，对学校是一种精神财富的损失。在新校区文化建设过程中，对旧文化元素合理有效地改造利用，将其打造成新的文化景观，使其能够巧妙契合新校区的文化环境，并作为一种具有衬托性质和传承性质的文化景观，配合整体的校园文化氛围，实现校园文化的继承和再创造。

例如河北 J 大学新校区的文化园中有一块校牌陈列栏，展示着自建校之初至今所有使用过的以及其他并入高校的校牌（图 4-3）。该陈列栏将校牌这一文化元素打造成一个新的文化景观，不同名称、颜色与造型的校牌并列在一起，无声胜有声，让师生能深切感受到学校发展的脉络与历史变迁。旧文化元素的再利用，不仅传承了老校区的历史和文化，也成为新校区中的新文化景观。

因此，在新校区的文化景观建设过程中，要注重挖掘老校区中具有代表性的文化景观元素，使其成为反映校园文化特色和历史底蕴的文化符号，将其打造成为新老校区之间文化传承的重要载体。

图 4-3　河北 J 大学历年校牌

3. 将非景观性材料转化为校园文化景观

大学新校区在建设过程中或是建设完成后，有些历经了几十年乃至百余年的老校区面临土地置换的情况，很多富含校园文化和历史的、具有代表性的非景观性材料将被挪作他用，甚至是被拆除。因此，可以将老校区中的非景观性材料作为文化传承的载体，挖掘其内在的文化精髓，通过适当的改造和升华，赋予其新的文化意义，使之转化成带有一定文化内涵和教育意义的校区文化景观，为新校区的校园文化传承发挥作用。

例如华北 L 大学（原河北 L 大学）1976 年遭遇唐山大地震，校园内建筑和景观尽数被毁，图书馆也在地震中遭到破坏，无法使用（图 4-4）。华北 L 大学将其作为校园历史文化中不可或缺的一部分保留下来，并在地震遗址前树立纪念石碑和介绍牌，将其完整地转化成了一种无声的校园文化语言景观。

图 4-4　华北 L 大学地震遗址及纪念碑文

　　对老校区中的部分非景观性元素进行改造或重组,使其变得井然有序,是一种传承非景观性材料的方法,使其能够自然而然地融入到新校区的文化景观之中,在新校区中形成一个历史与现代交融的景观空间。这种交融在视觉上形成强烈的对比,能有效引起师生的回忆以及对老校区的怀念,从而将校园文化延续和传承下去。

　　4. 典型校园文化景观再现

　　不少大学老校区拥有悠久的办学历史,经过长时间的历史积淀,逐渐建成了许多富有文化底蕴和具有代表性的校园文化景观。对老校区而言,此类文化景观承载了校园的历史和文化。在建设新校区时,可将这些富有历史文化沉淀的、有标志性的、有特殊文化含义的文化景观充分融入到新校区的文化环境中,通过重塑或者再现典型文化景观的方法,力求在新校区中营造出与老校区相同或相似的人文环境,达到传承老校区历史与文化的目的(图 4-5、图 4-6)。

图 4-5　河北 S 大学老校区邓颖超塑像　　图 4-6　河北 S 大学新校区邓颖超塑像

典型校园文化景观在新校区的再现，不仅仅是将老校区中典型的文化景观复制或移植到新校区中。在新校区中再现老校区的经典文化景观，可以使新校区中的某些文化景观所表达的意义与老校区互相呼应，形成新老校区之间文化和情感的共鸣。再如河北 S 大学为传承校园文化传统，继承和弘扬师范类高校教书育人的奉献精神，在新校区的语言景观设计建设中，安排了与老校区道路两旁相似的校园文化介绍牌，详尽地展现了自建校以来的种种光辉事迹和优良的校园文化传统，以此纪念老校区的历史和文化，力图塑造对老校区校园环境和校园文化的重现及认同感。

第三节　组织文化传承视域下大学新校区文化景观建设存在的主要问题

校园文化景观既是教育的重要载体，也是大学的文化窗口[①]，可以展示大学的办学特色与秉承的办学理念，具有教育、审美和文化传承等功能，在设计上要遵循生态性、保留性、统一性、可持续性和安全性等原则。大学新校区的校园文化景观只有建立在对学校办学历史、办学理念、个性特色及人文传统深刻理解的基础之上，才能有效实现其功能。纵观河北七所高校的新校区文化景观，主要存在以下问题：

---

① 谢大伟，丁峻. 大学校园文化景观的价值功能及规划设计原则［J］. 美育学刊，2011，2（05）：73-78.

1. 部分文化景观设计风格趋同

在新校区建设热潮中，多数大学都积极提倡建设生态、和谐、先进的新校园，在这样的理念下，有的大学对本校的特色文化考虑较少，致使校园文化景观设计风格趋同，缺乏鲜明的文化特色，在一定程度上忽略了对校园文化的传承。例如这七所大学的新校区在设计道路语言景观时，都注重弘扬中华民族传统文化，在一定程度上风格趋同，标语牌内容78%是诗词或传统美德，如华北L大学的"知行楼"和河北R大学的"知行路"；校园石刻景观也存在一定程度的趋同，如河北K大学的"为有源头活水来"石刻、华北L大学的"思源"石刻以及河北G大学的"源"石刻，而各老校区独特的文化和历史并没有在新校区的景观中得到充分展现。

2. 有的文化景观设计片面追求视觉效果

有的大学在新校区文化景观设计过程中，片面追求外表的华美或者视觉冲击效果，很多新校区不乏高大的石刻或纪念碑文，但其内容仅为与本校校园文化关系不太密切的一个词语、一句诗词或是一句宣传语。例如河北K大学新校区里坐落的"览山石"，视觉上容易给人一种壮观的冲击效果，但"览山"二字在河北K大学整体的校园文化中显得有些突兀；河北R大学新校区中有一座长达十余米的石碑，而石碑上的内容仅为一句"百年名校人才摇篮"的宣传语，除了给人一种宏大的视觉冲击外，并没有展现出与本校密切相关的文化和历史。这样的校园文化景观设计虽有视觉上的冲击效果，但并不能起到传承校园文化的作用，而且容易割裂新老校区之间的文化联系，无法将老校区深厚的文化传承下去。

3. 纪念碑文类校园文化景观布局无序

一些大学新校区中的纪念碑文类文化景观是在新校区建成之后才陆续建造的，由于整体规划不足，布置有些杂乱无章，有些甚至变成了简单的景观堆砌，不仅影响了校园文化环境的完整性与美观性，也限制了对校园文化的传承作用。例如河北R大学新校区的文化广场中，大大小小的纪念碑文和雕塑有十余座，但没有系统的规划布局，有的集中在一处，有的则零星散落在绿植中，视觉上给人一种凌乱的感觉。虽然这些文化景观的具体内容非常符合河北R大学的农业文化，但略显杂乱的布局非常容易让人们失去主动了解这些文化景观内容的兴趣，在一定程度上限制了对校园文化的传承作用。

4. 校园文化景观对区域文化吸纳不足

大学校园文化往往与所在城市文化或地域文化紧密相关，每一地域或每座城市经过漫长岁月的冲刷和洗礼，都会形成具有自身特色、个性鲜明的区域文化，这种文化会潜移默化地影响大学校园文化的建设。身处特定区域的大学，也要积极地吸纳这些优秀的区域文化资源，主动将其融入到校园文化景观的建设中，使之成为特色校园文化的生长点。正如何镜堂院士所言："大学校园建设规划要对校园的内涵有深入的理解和认识，应当塑造出具有地域特色、文化特色以及时代特征的校园文化环境。"① 在对这七所高校的调研中发现，很多大学在设计建造新校区文化景观的过程中，比较突出"大破大立"，所建文化景观极具现代感，却忽视了吸纳地域文化或城市文化，没能充分利用并发挥好区域优秀文化资源的优势或特点。例如，因河北省背靠太行山脉，河北R大学在太行山脉一带有很多学习活动和科研项目，"时代楷模"李保国在任教期间带领师生投入太行山地区的农林事业，河北R大学由此提出要弘扬"太行山精神"这一校园文化，但是这种积极向上、踏实肯干的优秀校园文化在河北R大学新校区的景观中未能充分展现和传承，只有几个简单的标语牌。

第四节　促进大学新校区文化景观建设的建议

不少大学在新校区建设过程中都存在校园文化元素缺失、文化延续断裂等问题，而文化景观是大学校园历史和文化的主要载体，为了更好地借助文化景观进行大学文化传承，基于对河北七所高校的研究结论，提出如下建议：

1. 将文化景观建设纳入大学新校区整体建设规划

大学新校区的整体规划包括校园建筑规划和校园文化建设规划两方面内容。在制定大学新校区建设规划时，要将文化景观建设纳入整体规划之中，进行合理的布局设计，预留出充足与适合的地理空间，同时应对校园

---

①何镜堂. 当代大学校园规划设计的理念与实践 [J]. 城市建筑, 2005 (09)：4 - 10.

文化景观的设计理念和风格提前进行规划设计，强化校园文化景观的整体性与层次性，避免出现杂乱无序的现象。另外，大学新校区文化建设规划对传承校园文化具有十分重要的作用，因此，校园文化景观建设规划要具有系统性和完整性，要对学校自身的办学特色、文化传统及区域文化等进行统筹考虑，从有效满足在校师生的教育、学习和审美需求出发，从新校区文化环境的空间角度着手，避免单一和孤立地对文化景观进行设计，才能在风格与文化内涵上保持协调一致，从而充分展现出大学的历史和文化，达到校园文化传承与发展的目的。

2. 在规划文化景观时要注重对个性化校园文化的传承

各大学的老校区经历岁月的变迁和洗礼，积累了数代在校师生的教育与文化实践经验，已经形成了具有独特性的校园文化，也积淀了自身深厚的文化底蕴。相比之下，大学新校区建成后，虽然在基础设施方面相比老校区具有明显的优势，但由于投入使用的时间较短，与之配套的相关设施还不完善，文化建设还任重道远。针对新校区文化景观存在的设计风格趋同而自身文化特色不鲜明、对城市文化或地域文化吸纳不足以及新老校区文化延续被割裂等问题，新校区在建设文化景观的过程中，要对校园历史文化资源进行整合利用，注重吸收与延续老校区的优秀文化基因，坚持守正与创新、传承与发展相结合，以物化形式传承老校区独特的校园文化，让在校师生能在新的空间中受到学校文化的熏陶，培养师生对学校的情感与心理认同感。

3. 校园文化景观建设要兼具艺术性与教育性

艺术心理学认为视觉最容易产生美感，大学新校区文化景观本质上是用物质的形式向人们展现这所大学的校园文化，以视觉景观为主，因此建造时也要遵循美学原则，体现艺术性，同时兼具教育性。一方面，大学新校区文化景观设计者要熟练、巧妙地运用多种创作元素，例如针对不同主题设计出多种多样的艺术造型，再配合不同的材料、色彩和文字，产生良好的视觉效果，表现出强烈的艺术感染力和独特的艺术魅力；另一方面，校园文化景观建设还应充分发挥教育意义，使师生通过对校园文化景观的观赏，感悟人生、启发思想、净化心灵和提升审美能力，从而更加充分地发挥传承和发展校园文化的作用。

4. 校园文化景观建设要考虑校园文化的连续性与开放性

每所大学的校园文化都是一个丰富的文化系统，有着丰富的历史传统和文化内涵，随着时代进步，又体现出开放性和包容性，呈现出与时俱进、不断向前发展的动态特点。每所大学在办学实践的过程中，每一时期都会在原有校园文化的基础上，形成符合各时期特点的新文化。因此，随着校园文化的不断衍生，大学新校区在建设文化景观时，要充分考虑到校园文化的连续性与开放性，在继承老校区历史和文化的基础上，还应根据新校区所处的物理空间现状及在校师生的需求，吸纳各种新元素，使学校深厚的历史文化传统深深地根植于新校区的土壤，并打造出传承与创新相结合、历史与现实相交融的校园文化景观。

第五章 大学校园雕塑景观与校园文化传承

第一节 大学校园雕塑景观的类型与价值

一、大学校园雕塑景观类型

大学通过教学、科研和社会服务等活动承担着知识传承、知识创新和知识转化运用等职能，立德树人是大学的根本任务。大学的校园环境对于学生的成长与发展具有潜移默化的影响。每所高校在发展过程中都会逐渐形成自己的校园文化，学校的历史、办学定位、办学理念等都会在校园文化上得到体现与反映。校园雕塑作为校园文化的物化表现形式，可分为人物类雕塑、纪念类雕塑、寓意类雕塑和装饰类雕塑四类。

（一）人物类雕塑

人物类雕塑是校园雕塑景观中最为常见的主题雕塑。它是以古今中外的各种人物为造型的雕塑艺术，用各种可塑材料或可雕刻的硬质材料，创造出具有一定空间的可视、可触的艺术人物形象。人物雕塑不仅具有很强的装饰性和实用性，同时具有一定的审美价值，是一种能够充分展现文化气息的艺术品。人物雕塑在我国拥有悠久的历史，并没有因为时代的变化、社会的变迁而中断，反而不断地得到发展，在文化领域发挥了重要作用。校园内的人物雕塑景观又可以细分为主题性人物雕塑、纪念性人物雕塑、学科性人物雕塑、装饰性人物雕塑和寓意性人物雕塑。

1. 主题性人物雕塑

这种雕塑通常以某个主题为核心，选择与之相关的人物进行创作。这些人物可以是历史上的著名学者、艺术家，也可以是现代社会的杰出人物。通过雕塑的形式,展现这些人物在各自领域的成就和贡献,激励学生向他们学习。例如,很多高校都会摆放孔子雕像,广西外国语学院校园内摆放有"万世师表"雕塑(图5-1),广西民族大学校园内摆放有孔子像(图5-2),像中孔子恭身而立,双手前伸上举,作"天揖"之势,生动形象地展现了作为万世师表的孔夫子彬彬有礼、尊师重教、平易近人的圣人丰姿。孔子雕像代表着对学习和知识的尊重与信仰,大多数读书人都会对其怀有崇敬之心,其意义不仅在于对中国传统文化的归属和认同,也意味着榜样学习作用的传承。

图5-1 "万世师表"雕塑——
广西外国语学院

图5-2 孔子雕像——广西
民族大学

2. 纪念性人物雕塑

这种雕塑通常以学校的创立者、历史上的知名校长、杰出校友、优秀教师等为主要对象。通过雕塑的形式,表达对这些人物的敬仰和纪念之情,同时也体现了学校的历史和文化底蕴。

如广西S大学雁山校区内摆放的杨东莼雕像(图5-3)和广西大学校园内摆放的马君武雕像(图5-4),都是为了纪念本校的首任校长。高校通过学校创立者或历史上的知名校长等人物的雕像,进一步塑造其形象和精神,纪念他们在教育事业上做出的贡献,同时也将先贤们的谆谆教导和殷切期望铭刻在每个学子的心中,激励学子们在学习、生活上取得更大的进步。

图 5-3 杨东莼雕像——广西师范大学

图 5-4 马君武雕像——广西大学

还有一些高校会将与本校有密切关系的人物或杰出校友和优秀教师作为校园雕塑景观的题材，让师生们更好地了解这些人物在本校发展过程中做出的贡献或取得的成就，以此来更好地激励师生。比如广西大学校园内建有王丕建教授雕像（图 5-5）和陈焕镛、汪振儒教授雕像（图 5-6）。王丕建是广西大学农学院教授、著名的动物胚胎学家、我国水牛人工授精研究的开拓者之一，获国际水牛大会"科学先驱者"称号；陈焕镛教授是著名的植物分类学家、森林学家，是

图 5-5 王丕建教授雕像——广西大学

我国近代植物分类学的开拓者和奠基人之一，1935—1953 年在广西大学任教；汪振儒教授是我国树木生理学的奠基者，1939—1945 年在广西大学任教。

3. 学科性人物雕塑

高校除了将知名校长、杰出校友等作为人物雕塑的题材，也会结合自己学校的类型和办学特色，将古今中外的学科类名人作为校园雕塑景观的

题材。例如广西中医药大学校园内摆放有张仲景雕像（图5-7）和希波克拉底雕像（图5-8）。张仲景是我国东汉末年医学家，被后人尊称为中医"医圣"；希波克拉底为古希腊医师，被后人尊称为"西方医学之父"。师范类大学则常摆放我国著名教育家陶行知的雕像，如南宁师范大学在明秀校区和长岗校区都设有陶行知雕像。不同的高校选择适合自己学校类型和办学特色的雕像，可以更直观地展现学校的办学定位。很多人不理解为什么要在本来就不大的校园里放这么多名人雕像，而文化大师季羡林认为，名

图5-6 陈焕镛、汪振儒教授雕像——广西大学

人及其事迹具有精神力量，树立名人雕像有助于这些精神力量在大学校园得以传承①。

图5-7 张仲景雕像——
广西中医药大学

图5-8 希波克拉底雕像——
广西中医药大学

①胡苗. 大学校园雕塑景观设计研究 [D]. 福州：福建农林大学，2014.

4. 装饰性人物雕塑

这种雕塑主要是为了美化校园环境、增加校园的文化氛围，通常被放置在校园的公共空间，如广场、花园、走廊等。这些雕塑的人物形象可以是抽象的，也可以是具体的，但通常都具有一定的艺术性和审美价值。

例如，广西中医药大学活动中心前摆放着一座学生运动雕塑（图5-9），与活动中心主题相符，充分展现了学生们运动的形象；在另一座师生交流雕塑（图5-10）中，穿着壮族服饰的教师拿着书本与学生一起交流，不仅展现了广西高校的民族文化，而且能够烘托学习氛围，让学生们深受感染。

图5-9 学生运动雕塑——
广西中医药大学

图5-10 师生交流雕塑——
广西中医药大学

5. 寓意性人物雕塑

这种雕塑通过人物形象来表达某种寓意或象征意义。例如，一些学校会选择寓言故事中的主人公或神话传说中的英雄人物作为雕塑主题，通过他们的形象和故事来传递某种教育理念或价值观念。

（二）纪念类雕塑

纪念是对记忆和情感的怀念，"纪"是基础，"念"是深化，本质是"纪念过去，表现历史，并期望这种表现能够得以延续"①。纪念类雕塑是

---

①吕江玥，周小儒. 高校校园雕塑的文化内涵及表现原则[J]. 美与时代（城市版），2017（09）：55-56.

以历史上或者现实生活中的人或事件，又或者是某种共同观念为主题的艺术作品。高校校园内的纪念类雕塑通常源于特定的历史环境和时代背景，被赋予了一定的历史意义，容易引起师生共鸣，可以彰显学校想要传达的崇高理想和信念。通过纪念类雕塑的具体形象，可以让师生了解学校的办学历史，了解那些做出过重大贡献和取得过突出成就的人物，在感受其特殊的精神鼓舞的同时，也可以受到艺术的熏陶。纪念类雕塑景观是通过景观所营造出来的精神场所，它能够引发观看者的思考，寄托情感和精神，又能够发挥一定的教育作用。

例如一些学校会摆放一些展现学校的建校历史、更名历史的纪念碑、纪念柱、纪念石等，这些雕塑景观的意义就是向学生传达学校在发展过程中所经历的故事，让直观的视觉体验产生直达心灵的精神作用。比如广西民族大学校园内摆放的更名纪念柱（图5-11）清晰地记录了该校的更名历史，广西大学育才广场雕塑园内摆放的四座浮雕（图5-12）展示了该校从梧州建校、桂林兴校、西迁榕江到南宁复校的发展史。

图5-11　更名纪念柱——广西民族大学

除了用来纪念建校史、更名史，还有一些校园雕塑景观以校庆为主题。这类雕塑大多由校友捐赠，一方面展现了广大校友对母校的感恩与怀念；另一方面也可展现高校的发展进程，见证一所高校不同发展阶段的峥嵘岁月。图5-13是广西外国语学院校园内摆放的建校十周年雕塑，由该校泰国校友会捐建，寓意母校如一艘大船，乘风破浪、扬帆启航；图5-14是广西民族大学建校五十周年的纪念雕塑。

图 5-12　广西大学四座浮雕
(a) 梧州建校；(b) 桂林兴校；(c) 西迁榕江；(d) 南宁复校

图 5-13　建校十周年纪念雕塑——
广西外国语学院

图 5-14　建校五十周年纪念雕塑——
广西民族大学

(三) 寓意类雕塑

通过雕塑景观的形式展现某种特殊的内涵,用雕塑的艺术语言传递一定哲学意义的表达形式被称为寓意类雕塑①。寓意类雕塑一般能够给观赏者以一定的想象空间。

例如,日晷不仅可用来观察时间,也代表着权威与智慧,许多高校用其来装点校园、烘托文化氛围,激励人们在关注时间的同时珍惜光阴,认识到生命有限而时间永恒,要不断地与时俱进、拼搏向上(图5-15)。另外,有些雕塑具有多义性,挣脱了具象的表现,能给予观赏者更多的想象空间。比如广西艺术学院校园内摆放的名为"山水间"的雕塑(图5-16),整体运用结构主义手法,展现了广西特有的喀斯特地貌特征,通透而富有韵律,形成一组优美的波浪线;学校的校徽图案在其中若隐若现,也体现了艺术美的真正内涵——艺术来源于生活而高于生活;雕塑整体呈现纯白色,寓意纯净、洁白,犹如一张张画纸和乐谱,期待着广大学子谱写出美丽的新篇章。

图5-15 日晷——广西中医药大学　　　图5-16 "山水间"雕塑——广西艺术学院

(四) 装饰类雕塑

装饰类雕塑主要起到装饰和美化环境的作用,为整个校园环境赋予更为美观和协调的特质,同时为师生营造一种舒适的氛围,具有调适心情的作用。与其他类型的雕塑相比,装饰类雕塑更追求艺术和形式美感,通过

---

① 胡苗. 大学校园雕塑景观设计研究 [D]. 福州:福建农林大学,2014.

美的姿态、美的造型、美的构图，营造出美的画面，给人以精神上的享受。此类装饰艺术不仅有助于师生精神层次与文化水准的提高和升华，还具有净化和熏陶心灵的效果，从而达到环境育人的作用。比如广西中医药大学校园内摆放的小鹿雕塑（图 5-17），造型美观，灵动活泼，充分展现了小鹿在草地跳跃的生动形象，为该校的校园环境增添了一丝美感与活力。

图 5-17　小鹿雕塑——广西中医药大学

二、大学校园雕塑景观的价值

雕塑作为一种艺术形式，在校园文化建设中广受师生的欢迎，通常具有文化、教育和环境美化等价值。

（一）文化价值

雕塑是精神的物质载体，是校园文化的体现。每所大学都有自己的历史传统和办学理念，这些都可以通过雕塑这种具象化的形式表达出来。校园雕塑景观不仅可以反映学校的文化特色，还可以成为传承学校历史和文化的载体。

1. 凝练校园精神文化

精神文化是整个校园文化体系的核心组成部分，同时也是学校的灵魂所在，是学校在办学过程中积淀的历史传统、文化观念与办学追求的体现，能够清晰地展现一所大学的办学目标、理想信念和价值取向，是为高校师生群体所共知、共享的价值观念。校园雕塑景观作为一种重要的文化符号，是学校精神文化的凝练，表现的是一所学校整体的精神价值取向，具有特殊的凝聚力和感染力。广大师生在通过校园雕塑景观领悟大学精神的过程中，能够进一步觉醒对知识的渴望、对真理的探索、对社会理想的不懈追求，在艺术的熏陶中培养自己的崇高使命感与社会责任感。

2. 彰显校园特色文化

大学在校园文化建设过程中，除了贯彻整个高等教育系统所共享的价值观念外，还应有其自身的特色。大学的特色校园文化通常是学校在长期办学的过程中所呈现出的有别于其他高校的办学风格、办学理念，以及在人才培养、科学研究和社会服务方面的独特之处。校园雕塑景观可以彰显校园特色文化的价值，它以自身艺术化的雕塑语言对校园文化进行高度概括①，能够很好地体现一所学校的办学定位和办学特色，进而展现一所学校的风采和精神风貌，同时提升校园文化品味以及整体发展水平。因此，办学定位不同的学校校园文化特色各异，在以雕塑景观呈现其校园文化时的侧重点不同，采取的形式也不同，如师范类院校通常会凸显教书育人、立德树人的思想主题，医学类院校会凸显医德仁心、救死扶伤的思想主题，艺术类院校会凸显艺术沉淀、追求美育的思想主题，民族类院校会凸显民族特色、民族团结的思想主题。

3. 展示校园历史文化

每所学校都有自己的办学历史，各种感人至深的历史故事和先进人物事迹都值得后人去追忆与学习，历史文化可以说是一所学校最为宝贵的精神财富，不仅饱含着学校的文化底蕴，也彰显着学校的历史传统和特色。作为文化载体之一的校园雕塑景观，采用雕塑语言和艺术符号，可以清晰而又直观地记载、呈现学校历史上的重大事件和优秀人物事迹。学校通过各类雕塑景观来表现所经历的历史，向师生展示学校深厚的文化积淀，师生也可以借助校园雕塑景观感受学校筚路蓝缕的发展脉络，体悟沧桑变迁。如今，很多高校都非常重视在校内建设纪念性雕塑，以此来展示学校

---

① 谭昆智. 论高校雕塑对当代校园文化的公关传播——以中山大学南校区名人雕塑为例［J］. 公关世界，2022（07）：29-32.

的建校和发展历史。

(二) 教育价值

校园雕塑景观作为一种有生命力、有故事的校园文化景观,能够潜移默化地对师生开展德育、美育和人文教育。校园里的学子在不经意间看到雕塑景观时,常常会结合自身的知识储备和生活体验,去思考并吸收雕塑景观代表的历史故事,与雕塑中的历史文化进行跨时空的心灵沟通和情感交融,领悟雕塑传达的思想、价值和内涵①,在这个过程中,学生会领会到许多无法用语言表达的信息,有助于丰富学生的精神世界,培养学生的健康人格,并在后续成长发展过程中影响或改变其思想观念和行为方式。

我国高校坚持立德树人的根本任务,以促进学生的德智体美劳全面发展作为人才培养目标,因此一直以来非常重视环境育人和文化育人的作用。校园雕塑景观是大学开展环境育人和文化育人工作的重要载体,在校园的不同空间布置雕塑景观,可以营造一种独特的校园文化氛围,有助于提高学生的视觉审美和鉴赏能力,触动学生的心灵,让其在潜移默化中获得艺术美的熏陶。校园雕塑景观可以影响学生的情感体验,激发学生的审美情趣,提升学生的审美能力,形塑学生的价值观念,促进健全人格的养成。校园雕塑景观本身拥有丰富的主题和内涵,能够促进对师生的思想启发和人格塑造,让师生在对校园雕塑景观本身的解读中,更为深入地领会、感受学校的校园文化,形成一种有效回应,增强对学校文化价值观念的认同,这些都是第一课堂之外的教育功能的延伸与补充。

(三) 环境美化价值

无论一所学校的历史多么悠久、积淀多么深厚,如果校园内没有高质量的雕塑景观,学校的文化便不能很好地呈现出来,这样的校园文化环境通常是不完整的、有缺陷的。高质量的校园雕塑景观有着其独特的文化和艺术魅力,从广义的文化角度来说,雕塑是以其装饰性和实用性为基础而设计的。对于一所学校来说,雕塑景观最基本的作用就是装饰、美化环境,因为其本身就具有较高的观赏价值,能在校园环境中形成视觉的焦点,直接反映出整个学校的审美导向,又能以视觉张力作用于校园内的其

---

① 夏晶阳. 高校校园文化建设中的雕塑艺术研究——以武汉科技大学张之洞雕塑为例 [J]. 美术教育研究, 2020 (13): 69 - 70 + 73.

他景观，与校园整体环境相互交融，形成新的景观效果，营造一种全新的文化氛围，使校园整体的自然环境与教育环境看起来更为和谐，带给人们赏心悦目的享受和愉悦放松的心情。日本著名的雕塑家关根伸夫认为"雕塑是赋予环境以生气的工具"。校园雕塑是校园景观环境中的点元素，是散布在校园中的一个个富有旋律的音符，看似不起眼，却往往是校园中最具有生气的景观，激活了整个校园景观环境的活力①。

（四）社会价值

大学校园作为社会的一部分，其雕塑景观也具有一定的社会价值。它们可以成为学校对外展示的窗口，提升学校的知名度和美誉度。同时，一些优秀的校园雕塑景观还可能成为城市的文化地标，对城市的文化建设产生积极影响。

第二节　校园雕塑景观传承校园文化的状况分析

一、研究设计

（一）调查工具

校园雕塑景观是校园文化传播的重要手段和载体之一，其主题内容和线条、色彩等表现形式都是一种文化符号，除了可以传达一定的资料信息之外，还有传达价值和意义的功能。因此，本研究以组织传播双重能力模式、文化符号学理论以及组织文化学理论作为理论基础，从高校学生视角出发，从学生对校园雕塑景观的直观感受、校园雕塑景观的文化价值体验以及校园雕塑景观的文化育人效果三个方面，自编了《校园雕塑景观传承学校文化状况调查问卷》，探讨当前大学校园雕塑景观传承学校文化的现状及问题所在，从文化传承角度提出大学校园雕塑景观建设的相关建议。

《校园雕塑景观传承学校文化状况调查问卷》共21个题项，主要分为两大部分。第一部分是学生的人口学信息；第二部分是问卷主体，包括三

---

① 马宇威. 论大学校园景观雕塑的价值与运用[J]. 现代装饰（理论），2011（10）：35 - 36.

个方面：一是学生对校园雕塑景观的直观感受，包括六个题项；二是学生对校园雕塑景观的价值体验，包括五个题项；三是校园雕塑景观的育人效果，包括十个题项。问卷采用李克特五级计分法，将"完全不同意""完全不符合"赋值为1，"不太同意""不太符合"赋值为2，"不确定"赋值为3，"比较同意""比较符合"赋值为4，"完全同意""完全符合"赋值为5。

（二）抽样情况

南宁市作为广西壮族自治区的首府，高校数量众多。本次研究以南宁市高校的在校大学生为调查对象，抽样时考虑到学校的类型，分别选择师范类、民族类、医药类、综合类、理工类、艺术类以及其他类高校的学生进行问卷发放，具有一定的代表性。

（三）预调查及项目分析

为了更好地将《校园雕塑景观传承学校文化状况调查问卷》运用到本研究中，保证研究的合理性，问卷在初步设计完成后，需要通过预调查检验其可靠性、适切性和科学性，如有不符合的内容，要进行适当的调整和删除①。基于此，本研究开展了问卷预调查，对调查问卷进行项目分析和信度检验。

预调查通过"问卷星"平台，面向南宁市几所不同类别的高校学生，共发放问卷182份，回收182份，回收率100%，有效率符合教育科学研究要求。

1. 调查样本描述性统计

对预调查问卷进行描述性统计，结果如表5-1所示。

表5-1 预调查样本基本信息描述性统计情况

变量名称	类别	频率	百分比/%
性别	男	69	37.9
	女	113	62.1

---

① 风笑天. 社会调查中的问卷设计（第3版）[M]. 北京：中国人民大学出版社，2014.

续表

变量名称	类别	频率	百分比/%
学习阶段	大一	24	13.2
	大二	23	12.6
	大三	91	50.0
	大四	13	7.1
	硕士及以上	31	17.0
高校类型	师范类	32	17.6
	医药类	19	10.4
	艺术类	4	2.2
	财经类	8	4.4
	综合类	15	8.2
	理工类	41	22.5
	民族类	48	26.4
	其他	15	8.2

2. 预调查检验分析

（1）项目分析。

项目分析目的在于确定问卷量表研究项目是否有效和合适。其原理是先对分析项求和，进而将其分成高分和低分组（以27%和73%分位数为界），然后采用T检验，对比高分组和低分组的差异情况。如果有差异，说明问卷的题项设计合理，反之则说明问卷题项区分度不高，应该修改或删除。对《校园雕塑景观传承学校文化状况调查问卷》的21个题项进行项目分析的结果显示（表5-2），所有题项的决断值均达到显著水平，具有良好的区分性。

表5-2 《校园雕塑景观传承学校文化状况调查问卷》的项目分析

题项	高低分组比较	题项与总分相关		同质性检验
	决断值（CR）	与量表总分的相关	修正项与总计相关	删除项后的克隆巴赫α系数
a1	11.265**	0.872**	0.755	0.981
a2	8.572**	0.725**	0.672	0.981

续表

题项	高低分组比较 决断值（CR）	题项与总分相关		同质性检验 删除项后的克隆巴赫α系数
		与量表总分的相关	修正项与总计相关	
a3	10.111**	0.849**	0.826	0.980
a4	9.351**	0.837**	0.769	0.981
a5	14.795**	0.889**	0.803	0.980
a6	10.612**	0.872**	0.815	0.980
b1	13.487**	0.884**	0.829	0.980
b2	11.717**	0.896**	0.830	0.980
b3	11.785**	0.919**	0.863	0.980
b4	15.197**	0.935**	0.883	0.980
b5	13.779**	0.916**	0.882	0.980
c1	12.945**	0.910**	0.853	0.980
c2	12.267**	0.904**	0.853	0.980
c3	14.826**	0.926**	0.864	0.980
c4	16.042**	0.935**	0.892	0.980
c5	14.304**	0.945**	0.896	0.980
c6	14.566**	0.925**	0.869	0.980
c7	14.052**	0.936**	0.876	0.980
c8	12.945**	0.921**	0.859	0.980
c9	12.052**	0.903**	0.851	0.980
c10	11.982**	0.907**	0.848	0.980
评判标准	≥3.00	≥0.40	≥0.40	≤0.981

注：**表示 $p<0.01$ 水平上显著相关，*表示 $p<0.05$ 水平上显著相关

（2）信度分析。

运用 SPSS Statistics 26.0 测量工具对《校园雕塑景观传承学校文化状况调查问卷》的 21 个题项进行克隆巴赫 α 系数整体信度分析，结果如表 5-3 所示。

表5-3 《校园雕塑景观传承学校文化状况调查问卷》的整体内部一致性系数分析

克隆巴赫α系数	基于标准化项的克隆巴赫α系数	项数
0.981	0.981	21

《校园雕塑景观传承学校文化状况调查问卷》的克隆巴赫α系数=0.981，信度指数达到理想效果；基于标准化项的克隆巴赫α系数=0.981，表明问卷整体信度较高。鉴于问卷题项较多，运用SPSS Statistics 26.0测量工具进行折半效度分析，将问卷的21个题项分为a项目（1~11）与b项目（12~21），分析结果如表5-4所示。

表5-4 《校园雕塑景观传承学校文化状况调查问卷》的折半信度分析

克隆巴赫α系数	a项目	值	0.967
		项数	11[a]
	b项目	值	0.982
		项数	10[b]
	总项数		21
形态之间的相关性			0.809
斯皮尔曼-布朗系数	等长		0.894
	不等长		0.895
格特曼折半系数			0.893
a项目包括a1、a2、a3、a4、a5、a6、b1、b2、b3、b4、b5，b项目包括：c1、c2、c3、c4、c5、c6、c7、c8、c9、c10			

再分别对《校园雕塑景观传承学校文化状况调查问卷》的直观感受、价值体验及育人效果三个层面进行信度分析，得出结果如表5-5所示。

表5-5 《校园雕塑景观传承学校文化状况调查问卷》整体内部一致性系数分析

克隆巴赫α系数	基于标准化项的克隆巴赫α系数	项数
0.934	0.936	6
0.955	0.956	5
0.982	0.982	10

直观感受标准化克隆巴赫 α 系数＝0.936，价值体验标准化克隆巴赫 α 系数＝0.956，育人效果标准化克隆巴赫 α 系数＝0.982，表明三个层面的内部一致性较强，整体信度较高。综上所述，研究数据表明《校园雕塑景观传承学校文化状况调查问卷》信度较高，符合教育科学研究要求，可以作为本研究正式调查的工具。

（四）正式调查

正式调研通过问卷星平台面向广西壮族自治区南宁市高校的在校大学生发放调查问卷，为了确保样本的代表性，根据不同学校类型，共发放调查问卷 635 份，回收 635 份，回收率 100%，回收问卷都有效。

1. 抽样情况

调查对象包括广西大学、广西民族大学、南宁师范大学、南宁理工学院、广西外国语学院、广西中医药大学、广西医科大学、广西艺术学院八所高校，涵盖综合性、师范类、医学类、民族类、艺术类、理工类等不同类型，并且选取了不同学习阶段的在校大学生，从样本选取来看，具有一定的代表性。

2. 信度分析

对《校园雕塑景观传承学校文化状况调查问卷》的三个维度进行信度分析，结果表明（表 5-6），问卷整体信度的克隆巴赫 α 系数＝0.985，三个维度中，直观感受的 α 系数＝0.947，价值体验的 α 系数＝0.964，育人效果的 α 系数＝0.983，表明问卷总体和三个维度的信度都较高。

表 5-6 《校园雕塑景观传承学校文化状况调查问卷》的内部一致性分析

测量维度	克隆巴赫 α 系数	基于标准化项的克隆巴赫 α 系数	项数
校园雕塑景观的直观感受	0.947	0.949	6
校园雕塑景观的价值体验	0.964	0.964	5
校园雕塑景观的育人效果	0.983	0.983	10
校园雕塑景观传承学校文化状况	0.985	0.985	21

3. 样本分布情况

运用 SPSS Statistics 26.0 工具对调查对象进行描述统计分析（表 5-7）

可知，男生共 172 人，所占比例为 27.1%，女生共 463 人，所占比例为 72.9%，女生人数多于男生。

表 5-7　正式调查样本基本信息描述性统计情况

变量名称	类别	频率	百分比/%
性别	男	172	27.1
	女	463	72.9
学习阶段	大一	249	39.2
	大二	156	24.6
	大三	122	19.2
	大四	33	5.2
	硕士及以上	75	11.8
高校类型	师范类	40	6.3
	医药类	156	24.6
	艺术类	55	8.7
	财经类	53	8.3
	综合类	111	17.5
	理工类	70	11.0
	民族类	52	8.2
	其他	98	15.4

在学生所处的学习阶段方面，大一学生有 249 人，所占比例为 39.2%；大二学生有 156 人，所占比例为 24.6%；大三学生有 122 人，所占比例为 19.2%；大四学生有 33 人，所占比例为 5.2%；硕士及以上学生有 75 人，所占比例为 11.8%。

在学生所处的高校类型方面，师范类高校的学生有 40 人，所占比例为 6.3%；医药类高校的学生有 156 人，所占比例为 24.6%；艺术类高校的学生有 55 人，所占比例为 8.7%；财经类高校的学生有 53 人，所占比例为 8.3%；综合类高校的学生有 111 人，所占比例为 17.5%；理工类高校的学生有 70 人，所占比例为 11%；民族类高校的学生有 52 人，所占比例为 8.2%；其他类高校的学生有 98 人，所占比例为 15.4%。

二、校园雕塑景观传承学校文化的现状分析

（一）学生对大学校园雕塑景观的直观感受状况

学生对大学校园雕塑景观的直观感受这一维度共有六道题，包括种类、数量、美观程度、协调程度、学校文化表达程度以及营造的文化氛围等内容。

1. 大学校园雕塑景观种类相对单一

校园雕塑景观摆放于高校这一特定的教育场域空间之内，与其他公共空间摆放的雕塑作品有很大区别。教育场域空间赋予了校园雕塑一些独特的功能，以雕刻艺术为基础，将校园的文化环境等相关要素进行整合，能够较好地展现一所学校的校园文化，从而使其具有更多的艺术特性与教育功能，让师生在审美活动中同时受到教育。校园雕塑景观的丰富性和多样化程度，不仅可以体现一所高校的审美追求和审美情趣，也能在一定程度上体现一所高校的审美能力和审美品味，进而影响到雕塑景观审美和教育价值的实现。在调查学生认为自己所在大学的校园雕塑景观的种类如何时（表 5-8），仅有 51.2% 的学生认为种类较为丰富，37.3% 的学生认为一般，11.5% 的学生认为不丰富，可见，当前大学校园雕塑景观的种类还是相对单一。通过对南宁市高校校园雕塑景观的实地考察可以发现，主要为人物类雕塑、纪念类雕塑和装饰性雕塑这几种类型，与学生对校园雕塑景观多样化的期望还有一定的距离。

表 5-8　大学校园雕塑景观的种类状况　　　　　　%

直观感受	非常丰富	比较丰富	一般	比较不丰富	非常不丰富
您觉得自己所在大学的校园雕塑景观种类是	22.2	29.0	37.3	6.3	5.2

2. 大学校园雕塑景观的美观性基本得到学生认可

校园雕塑景观的语言就是造型的语言，通过立体的造型、多变的姿态、独特的属性来表达思想。在形态上，校园雕塑景观特别重视对美感的构造和形态的把握，并重视对具体概念和精神意蕴的渗透。在调查学生对

自己所在大学校园雕塑景观的美观程度如何时（表5-9），有57.3%的学生认为较为美观，38.1%的学生认为一般，4.6%的学生认为不美观。可见，当前高校校园雕塑景观的美观性基本得到学生认可。

表5-9 大学校园雕塑景观的美观程度　　　　　　　　　　%

直观感受	非常丰富	比较丰富	一般	比较不丰富	非常不丰富
您觉得自己所在大学校园雕塑景观的美观程度是	20.8	36.5	38.1	1.9	2.7

3. 学生对大学校园雕塑景观的整体布局基本认可

由于校园雕塑景观具有独特的功能，因此在布局上需要考虑所处的环境与位置。与周围环境保持协调一致的校园雕塑景观不仅能够给校园增添景物，还能给校园营造浓郁的文化气息，提升学校的文化品味与文化格调，让师生从雕塑景观中感受到独特的文化理念、情感态度和价值观。在调查学生认为自己所在大学校园雕塑景观与周围环境的协调程度如何时（表5-10），有64.8%的学生认为较为协调，30.4%的学生认为一般，4.8%的学生认为不协调。可见，学生对当前高校校园雕塑景观的整体布局基本认可。

表5-10 大学校园雕塑景观与周围环境的协调程度　　　　%

直观感受	非常协调	比较协调	一般	比较不协调	非常不协调
您觉得自己所在大学校园雕塑景观与周围环境的协调程度是	22.8	42.0	30.4	2.4	2.4

4. 大学校园雕塑景观营造的文化氛围还有提升空间

大学校园雕塑景观以其艺术性、文化性、社交性的特点，为大学校园文化建设注入活力和动力。它不仅能营造文化氛围，还能深入挖掘校园文化的内涵，传承和创新大学的优秀校园文化，培养学生的审美情趣，提升学生的审美能力。在调查学生认为自己所在大学的校园雕塑景观营造的文化氛围如何时（表5-11），56.1%的学生认为氛围较为浓郁，37.2%的学生认为一般，6.8%的学生认为不浓郁。可见，当前大学校园雕塑景观虽能营造一定的文化氛围,但还有提升空间。

表 5-11　大学校园雕塑景观营造的文化氛围　　　%

直观感受	非常浓郁	比较浓郁	一般	比较不浓郁	非常不浓郁
您觉得自己所在大学的校园雕塑景观营造的文化氛围	24.4	31.7	37.2	4.1	2.7

(二) 学生对大学校园雕塑景观的价值体验状况

价值体验这一维度共有五道题,包括办学历史、办学定位、办学特色、整体形象及文化底蕴。

1. 校园雕塑景观基本能反映学校的办学历史

作为一种校园艺术形式,高质量的校园雕塑景观需要与学校的历史保持密切的联系,以艺术表现手法直接或间接向师生展示学校的办学历史,传承学校的历史文化与办学理念。调查结果显示(表 5-12),59.6%的学生认为自己所在大学校园雕塑景观很好地反映了学校的办学历史,33.7%的学生认为一般,仅 6.6% 的学生认为没有反映学校的办学历史,可见,当前高校的校园雕塑景观基本上能反映学校的历史文化传统。

表 5-12　大学校园雕塑景观反映学校办学历史的情况　　　%

价值体验	非常符合	比较符合	一般	比较不符合	非常不符合
您所在大学的校园雕塑景观反映了学校的办学历史	25.0	34.6	33.7	3.3	3.3

2. 大学校园雕塑景观基本能反映学校的办学定位与办学特色

办学定位与办学特色是一所高校成功的关键。办学定位是指高校在办学理念、办学规模、办学层次、办学类型和服务面向等方面做出的抉择,对学校的发展起到一定的统领和引导作用;办学特色是高校在漫长的办学历程中形成的与其他高校不同的办学风格和办学思想,在人才培养、科学研究和校园文化上都体现出鲜明的个性化特点。调查结果显示(表 5-13),63.5%的学生认为自己所在大学校园雕塑景观很好地体现了学校的办学定位,30.4%的学生认为一般;66.3%的学生认为自己所在大学的校园雕塑景观反映了学校的办学特色，27.2%的学生认为一般。可见，当前高校的校园雕塑景观基本能反映学校的办学定位和办学特色，学生通过校园雕塑景观这一艺术载体，可以领悟到学校的办学定位和办学特色。

表 5-13　大学校园雕塑景观反映办学理念的情况　　　%

价值体验	非常符合	比较符合	一般	比较不符合	非常不符合
您所在大学校园雕塑景观反映了学校的办学定位	27.6	35.9	30.4	3.3	2.8
您所在大学校园雕塑景观反映了学校的办学特色	27.7	38.6	27.2	3.0	3.5

3. 大学校园雕塑景观基本能够展现学校的整体形象

从文化意义上说，办学校就是办氛围，要努力营造一种有利于促进学生身心发展的文化氛围，采用多样化手段，打造一个有品味、有营养、能陶冶人心灵的文化场域。高质量的校园雕塑景观是校园文化建设的一道亮丽风景线，可以反映一所学校的精神气质和审美情趣，展现学校的整体形象，提高学校的文化品味。调查结果显示（表 5-14），64.4%的学生认为自己所在大学的校园雕塑景观很好地展现了学校的整体形象。可见，当前大学校园雕塑景观基本能够展现学校的整体形象。

表 5-14　大学校园雕塑景观展现学校整体形象的情况　　　%

价值体验	非常符合	比较符合	一般	比较不符合	非常不符合
我所在大学校园雕塑景观展现了学校的整体形象	27.9	36.5	30.9	1.9	2.8

（三）**大学校园雕塑景观的育人效果分析**

育人效果这一维度共有十道题，主要包括校园雕塑景观是否加深了自己对学校文化的了解、校园雕塑景观是否让自己产生了对校园文化的认同、校园雕塑景观是否让自己受到了精神鼓舞、校园雕塑景观是否提升了自己对学校文化的自信、校园雕塑景观是否让自己更加热爱学校、校园雕塑景观是否能陶冶自己的情操、校园雕塑景观是否能对自己的价值观形成产生积极影响、校园雕塑景观是否能对自己的生活起到规范作用、校园雕塑景观是否能对自己为人处世的态度起到规范作用、校园雕塑景观是否能在一定程度上提升自己的审美水平。

1. 大学校园雕塑景观对提升学生的学校文化自信有积极作用

大学是一种具有美感的文化存在物，它所传达的智慧之思、文化之美、德行之善、理想之光，都蕴含着大学之所以为大学的深厚文化内涵。作为一个文化共同体的大学组织，既是全体师生的精神家园，也是教育学生、促进学生成长成才的文化场域。调查结果显示（表5-15），63.8%的学生认为自己所在大学的校园雕塑景观能提升自己对学校文化的自信，29.6%的学生认为一般。可见，校园雕塑景观作为校园文化的一部分，有助于提升学生的文化自信，增强对学校文化的认同感。

表5-15　大学校园雕塑景观对学生文化自信的提升　　　　　　%

文化自信	非常同意	比较同意	一般	比较不同意	非常同意
我所在大学的校园雕塑景观能提升我对学校文化的自信	30.7	33.1	29.6	4.1	2.5

此外，调查结果显示（表5-16），62.4%的学生认为自己所在大学的校园雕塑景观能让自己受到精神鼓舞，仅5.9%的学生表示大学校园雕塑景观对自己的精神鼓舞作用较少。

表5-16　大学校园雕塑景观对学生的精神鼓舞　　　　　　　%

精神鼓舞	非常同意	比较同意	一般	比较不同意	非常同意
我所在大学的校园雕塑景观能让我受到精神的鼓舞	28.8	33.6	31.7	3.5	2.4

2. 大学校园雕塑景观对学生有一定的陶冶和引领作用

针对校园文化对学生的影响，华中科技大学的涂又光先生提出过"泡菜理论"，他认为办大学就是办氛围，就像泡菜坛子一样，同样的白菜之所以有不同的味道，并不是白菜的不同，而是坛子里的泡菜水不同，即学校文化的不同。学生道德情操的陶冶和正确价值观的形成，通常离不开健康、积极的校园文化环境的熏陶和引领，良好的校园环境文化是强化校园文化育人功能的坚固阵地，通过校园雕塑景观营造更好的校园环境文化，可以强化校园文化育人的效果。调查结果显示（表5-17），61.3%的学生认为自己所在大学的校园雕塑景观能够陶冶自己的道德情操，62.5%的学生认为自己所在大学的校园雕塑景观能够对自己的价值观形成产生积极影响。可见，大学校园雕塑景观在陶冶学生道德情操和促进学生价值观形成方面能够发挥一定的积极作用。

表5-17 大学校园雕塑景观对学生的陶冶和引领作用　　　　　%

陶冶与引领作用	非常同意	比较同意	一般	比较不同意	非常同意
我所在大学的校园雕塑景观能陶冶我的道德情操	29.6	31.7	33.1	3.0	2.7
我所在大学的校园雕塑景观能对我的价值观形成产生积极影响	29.3	33.2	32.6	2.7	2.2

3. 大学校园雕塑景观能对学生行为规范的养成起到一定的促进作用

从一定意义上说，文化就是一种行为规范。环境文化是一种看得见、感受得到的物质文化资源，是校园文化建设的基础。大学校园内的每一处文化景观都会对学生的行为规范养成产生潜移默化的影响，因此，要培养学生良好的行为规范，就需要营造浓郁的文化氛围，让学生在这种文化氛围中感受和体悟大学倡导的行为规范、行为准则，达到"润物细无声、无声胜有声"的育人效果。调查结果显示（表5-18），60.0%的学生表示所在大学的校园雕塑景观能对自己的学习生活起到规范作用，6.8%的学生表示没有起到规范作用；60.4%的学生表示所在大学的校园雕塑景观能对自己为人处世的态度起到规范作用，6.0%的学生表示没有起到规范作用。

表 5-18　大学校园雕塑景观对学生行为规范的养成　　　　%

育人效果	非常同意	比较同意	一般	比较不同意	非常同意
我所在大学的校园雕塑景观能对我的学习生活起到规范作用	27.4	32.6	33.2	4.4	2.4
我所在大学的校园雕塑景观能对我为人处世的态度起到规范作用	28.0	32.4	33.5	3.8	2.2

三、校园雕塑景观传承校园文化状况的差异分析

采用独立样本 T 检验及单因素方差分析方法，对性别、年级及学校类型是否会在校园雕塑景观传承学校文化的状况中造成差异进行分析。

1. 性别对校园雕塑景观传承学校文化状况的影响

运用独立样本 T 检验，分析校园雕塑景观对学校文化传承状况在学生性别上的差异，结果显示（表 5-19），不同性别的学生对校园雕塑景观传承学校文化状况的看法整体上存在显著差异，对校园雕塑景观的价值体验层面也存在显著差异，但是在直观感受和育人效果层面不存在显著差异。

表 5-19　不同性别的学生在校园雕塑景观传承学校文化状况上的差异性分析

传承维度	男（M±SD）	女（M±SD）	t 值	Sig
直观感受	2.32±0.93	2.34±0.85	-0.302	0.095
价值体验	2.23±1.01	2.17±0.87	0.661*	0.041
育人效果	2.14±0.98	2.18±0.87	-0.504	0.103
整体传承状况	2.21±0.92	2.22±0.83	-0.047*	0.048

注：**表示 $p<0.01$ 水平上显著相关，*表示 $p<0.05$ 水平上显著相关

2. 年级对校园雕塑景观文化传承状况的影响

采用单因素方差分析法，分析校园雕塑景观对学校文化传承状况在学生就读年级上的差异，结果显示（表 5-20），不同年级的学生对校园雕塑

景观传承学校文化整体状况的看法不存在显著差异,在校园雕塑景观的直观感受、价值体验和育人效果三个维度上也不存在显著差异。

表5-20　不同年级的学生对校园雕塑景观传承学校文化状况上的差异性分析

所处年级	直观感受	价值体验	育人效果	整体传承状况
大一	2.29±0.82	2.14±0.87	2.13±0.87	2.18±0.82
大二	2.25±0.86	2.08±0.88	2.13±0.91	2.15±0.84
大三	2.50±0.95	2.32±0.98	2.21±0.94	2.32±0.90
大四	2.56±0.66	2.46±0.71	2.25±0.73	2.39±0.63
硕士及以上	2.32±1.00	2.23±1.00	2.28±0.99	2.28±0.96
F值	2.299	2.126	0.616	1.530
Sig	0.058	0.076	0.652	0.192

注：**表示$p<0.01$水平上显著相关，*表示$p<0.05$水平上显著相关。

3. 学校类型对校园雕塑景观传承状况的影响

采用单因素方差分析法,分析校园雕塑景观对学校文化传承状况在学生就读学校类型上的差异,结果显示(表5-21),不同学校类型的学生对校园雕塑景观传承学校文化整体状况的看法存在显著差异,在校园雕塑景观的直观感受、价值体验和育人效果三个维度上也存在显著差异。

表5-21　不同类型高校的学生对校园雕塑景观传承学校文化状况上的差异性分析

所属学科类别	直观感受	价值体验	育人效果	整体传承状况
师范类	2.93±0.66	2.63±0.83	2.51±0.73	2.66±0.67
医学类	1.88±0.77	1.79±0.79	1.88±0.82	1.86±0.76
艺术类	2.08±0.56	1.77±0.90	1.77±0.86	1.86±0.72
财经类	2.52±0.96	2.34±1.02	2.27±1.05	2.36±0.97
综合类	2.48±0.83	2.37±0.90	2.27±0.86	2.36±0.97
理工类	2.55±0.76	2.41±0.84	2.26±0.91	2.38±0.80
民族类	2.33±0.96	2.13±0.91	2.06±0.89	2.15±0.88
其他	2.48±0.84	2.29±0.89	2.35±0.94	2.37±0.87

续表

所属学科类别	直观感受	价值体验	育人效果	整体传承状况
F 值	13.176	8.743	4.949	9.299
Sig	0.000	0.000	0.000	0.000

注：**表示 $p<0.01$ 水平上显著相关，*表示 $p<0.05$ 水平上显著相关

第三节　校园雕塑景观传承学校文化存在的主要问题

基于对校园雕塑景观传承学校文化的现实考察，发现学生对于校园雕塑景观传承学校文化状况的整体评价一般，校园雕塑景观虽然能在一定程度上发挥育人作用，但是总体来说还有待进一步提高。随着我国高等教育进入高质量发展阶段，对校园文化建设提出了更高要求。在巩固高校校园文化建设现有成绩的基础上，如何进一步发挥好校园雕塑景观这一载体的作用、提升其文化传承的效果，依然是学校文化传承与创新的重要主题。因此，在分析校园雕塑景观传承学校文化现状的基础上，挖掘存在的主要问题，以便更好地发挥其作用就显得极为重要。本研究发现，当前大学校园雕塑景观对学校文化的传承主要存在以下问题：

1. 校园雕塑景观与校园文化还存在一些脱节现象

校园雕塑景观作为学校文化的传承载体摆设在校园各处，是学校文化底蕴的象征，学生可在观赏过程中感受和领悟雕塑景观表现的文化内涵，受到潜移默化的影响。但是当前有些高校的校园雕塑景观和校园文化还存在着一定的脱节现象，主要表现在大学校园中的雕塑景观对于学校文化的表达不清楚，不能加深学生对于校园文化的了解，与学校所代表的文化价值存在一定的脱节。有些大学校园中的雕塑景观则过于注重外在形式和审美表现手法，而在一定程度上忽略了校园文化背景及价值的传承。这种做法使得雕塑景观与校园文化的融合变得越来越困难，对大学文化的建设和传承造成了一定程度的不良影响。本研究的问卷调查结果显示，只有23.7%的学生认为当前大学的校园雕塑景观能够非常清楚地表达出学校文化，22.1%的学生认为比较清楚，35.6%的学生认为一般，12.4%的学生

认为不太清楚，6.1%的学生认为非常不清楚；只有23.1%的学生认为自己大学的校园雕塑景观非常能够凸显学校的文化底蕴，22.4%的学生认为能够凸显学校的文化底蕴，41.7%的学生认为一般，7.5%的学生认为不太能够凸显学校的文化底蕴，5.3%的学生认为完全不能凸显。

校园雕塑景观与校园文化脱节现象的出现，主要原因是校园雕塑景观在创作过程中未能有效地吸收和融入学校相关的文化元素，缺乏文化深度和历史厚度，导致作品的文化表达力有限，无法引起学生的情感共鸣和审美兴趣。因此，校园雕塑景观必须与校园文化紧密融合，体现学校的办学特色。一所学校的特色是培育大学精神的重要因素，无论是学科、专业、环境及人才培养上的特色，还是教育理念、管理制度上的特色，在大学精神的培育中都扮演着极为重要的角色①。尽管我们一直提倡共性与个性相统一，但是有些高校在校园文化建设过程中，往往容易出现共性有余而个性不足的情况，忽略了大学在自身发展过程中形成的办学特色。一所缺少办学特色的大学，很难发展成为优秀的大学，比如医学院校如果缺乏医学文化特色，就很难培养出具有高尚医学职业精神和道德品格的优秀医务人才；语言院校如果缺乏语言文化特色，就很难培养出具有扎实文化素养和语言能力的优秀人才；师范院校如果缺乏教育文化特色，就很难培养出具有高尚师德和教学能力的优秀教育人才；理工院校如果缺乏理工文化特色，就很难培养出精通学术、科研能力突出的优秀科技人才等。不同院校在雕塑景观的创作上应该具有不同的特色，才能更好地凸显自己学校的文化。如前文调查结果所示（表5-21），不同类型学校的学生不仅在校园雕塑景观传承学校文化整体状况的看法上存在显著差异，在校园雕塑景观的直观感受、价值体验和育人效果三个维度上也存在显著差异，因此，不同类型的高校在依托校园雕塑景观传承学校文化时，应该更加注重二者之间的联结，让校园雕塑景观充分展现不同类型高校的校园文化特色。在访谈过程中，学生D表示："我认为一所学校的校园雕塑景观应该要能够体现出学校的特色。比如说医科大学，如果放一些张仲景、李时珍等人物的雕塑，肯定能够使医学生们见贤思齐，激发他们的求知欲，或者是师范类院

---

①张晶玉，王健，谷婷伟. 当代校园景观雕塑问题现状及建议——以山东大学大成广场为例［C］//.2019年4月建筑科技与管理学术交流会论文集，2019：243-244.

校放一些教育家雕塑，才可能会对师范生产生更大的影响。"

由此可见，校园雕塑景观的特色体现和内涵表达必须足够清晰，才能真正地起到育人的作用，给师生的学习、工作及生活带来深远的影响。

2. 校园雕塑景观建设规划落实不到位

首先，校园雕塑景观数量偏少且造型趋同。校园是人类文明发展的产物，校园环境则是融合了整个学校发展历史的物质载体。如果说文化是校园的灵魂，那么校园雕塑景观就是校园灵魂的重要象征物之一。校园雕塑景观与所有的校园景观一样积淀着学校的历史、传统和文化，蕴含着巨大的教育价值。笔者在对南宁市部分高校进行实地考察的过程中发现这样一种现象：一座雕塑景观数量繁多的校园会给人很好的视觉体验，让人能够感受到浓厚的文化氛围，每座雕塑景观都能引发人的思考，感悟其代表的文化含义，同时能够较为清晰地展现出这所高校的办学特色与办学风格，体现出学校对校园文化建设的重视，做到了文化育人；但一座雕塑景观数量贫乏的校园就不太容易让人感受到学校的文化氛围，更别提感受学校的办学特色了。从实地考察收集到的照片资料来看，有些学校的雕塑景观只有三四座，有些学校则有将近一百座，形成了非常明显的对比。本研究的调查结果显示，只有17.2%的学生认为自己所在大学的校园雕塑景观数量非常多，22.0%的学生认为比较多，32.9%的学生认为一般，18.6%的学生认为比较少，9.3%的学生认为非常少，说明当前大学校园雕塑景观在数量上还是偏少的。

产生上述问题的主要原因在于学校对校园雕塑景观建设规划不到位。学校雕塑景观数量较少，传承文化的载体单一，整个校园的文化氛围较为淡薄，学生无法在校园里感受到应有的文化氛围，必将在一定程度上影响校园文化的传承。而有些学校的雕塑景观造型趋同，不仅容易模糊不同学校之间的办学特色，也容易让学生产生困惑。笔者在实地调研过程中还发现一些学校的雕塑景观与所在城市的雕塑景观造型趋同，在色彩和材质的选择上也大致相同。

在围绕"当前校园雕塑景观传承校园文化遇到的主要问题"进行访谈时，同学J说："首先，我觉得学校的校园雕塑在数量上是不够的，学生们在校园内看到的雕塑景观少，就不能很好地传承学校文化；其次，有些校园雕塑景观的辨识度不够高，不能很好地引起学生的共情，学生在看到一个雕塑之后,并不能够清楚地理解它的内涵。"由此可见,要想更好地通过校园雕塑景观传承校园文化,首先要保证校园里有足够的雕塑景观,其次要保证其风格的多样性和创新性。因此一所学校想要更好地传承学校文化,必须加强校园雕塑景观的规划建设,精心规划、科学设计、精细实施。

其次,学校管理者对校园雕塑景观建设的认知存在误区。高校组织文化的传承和发展离不开大学高层管理者的引领、推动和示范作用。高校的管理者,尤其是党委和行政的主要负责人,在学校文化建设中处于核心地位,他们不仅是大学文化的设计者、传播者,还是首要的推行者和建设者。但是有些高校管理者对校园文化景观的建设规律了解不多,重视不足,影响了校园文化景观建设的效果。有些高校在着力建设新校区的过程中,忽视了老校区的文化传统,在一定程度上导致新老校区之间出现文化断裂。在访谈学生的过程中,当问到"你认为你所在学校的校园雕塑景观有没有很好地传承校园文化"时,学生 Z 表示:"我认为校园雕塑景观对校园文化有一定的传承作用,但是我目前所在的校区没有什么雕塑,准确来说是基本没有。我目前是在一所师范类院校,在我看来,师范类院校首先就是要有尊师重道、传道授业解惑的文化传承,但是我们学校很少有孔子、孟子或者陶行知先生这一类教育家的雕塑,关于师范教育方面的一些标语也很少看到,所以我觉得在校园雕塑景观建设这方面,学校是没有一个很好的规划的。虽然我所在的校区也算是一个新校区,但是我觉得我们学校在校园文化建设这方面做得还是相对比较欠缺的,在这方面应该有一个更为完善的管理制度和体系。如果一所学校想要通过校园雕塑去传承校园文化,那么就应该提前做好统筹规划,如大概要投放多少、投放的种类是怎样的、投放的种类是否符合学校的特色、是否能够体现出这个校园的文化,这样才能更好地让我们学生去感受学校的文化。"

还有一些高校对校园雕塑景观建设与传承的重要性认识不足,对学校人文精神和氛围的培育不够重视。在与学生访谈的过程中,当问到"您认为当前校园文化传承所遇到的最大障碍是什么"时,学生 C 表示:"我感觉当前通过雕塑景观传承校园文化面临的最大障碍可能还是学校不太重视校园雕塑建设吧,可能还是强调更有实际性的东西,比如说提升学校的师资水平、完善教学设施,学校更多的是希望从这些方面去教育学生,认为知识的传授和能力的培养才是最重要的,最终目的是让学生顺利毕业、找到工作。"可见,有些高校存在一定的功利化办学倾向,在校园建设上重硬件、轻软件,重物质环境建设,轻文化环境建设,将文化传承工作更多地视为一项软性工作来看待,没有充分认识到大学的文化使命和校园文化所带来的育人效果①。

也有一些学校的管理者虽然会进行文化建设,但模仿、借鉴有余而创新不足,忽视了自己学校的办学定位与办学特色。就如同学 Z 在访谈中提到的:"我觉得当前校园文化传承面临的主要问题就是太过于同质化了,不少学校在建设过程中是忽视了文化传承的,可能就是为了跟上时代潮流,把校园建设成欧式或者很现代的那种风格,完全忽视了一所学校应该拥有自己的校园文化特色。"我们不反对吸取人类社会一切有益的文明成果,但正如历史学家范文澜先生讲过的一句话,人吃猪肉是为了增进营养、强身健体,不是为了变成猪。别人的东西没有经过"自化"一过程就贸然生吞活剥,这是不合适的②。一味地照搬照抄别的学校,忽视了自己学校的发展特色,不仅不能达到文化育人的效果,还会起反作用。

3. 校园雕塑景观的美育作用发挥不充分

校园雕塑景观作为一种公共艺术形式,是大学校园文化的重要组成部分。它不仅能起到美化校园环境、传承文化的作用,还能给师生带来美的享受,提升师生的审美能力。素质教育必不可少的一部分就是审美教育,不仅要训练学生发现、欣赏、创造美的能力,还要涵养情操和净化心灵。而校园雕塑景观作为校园文化的重要组成部分,其独特的艺术语言能够在视觉和思想上给学生提供独特的审美教育。然而,在有些大学校园里,校园雕塑景观的美育作用并没有得到充分的发挥。问卷调查结果显示,仅有 47.4%的学生是认为自己大学的校园雕塑景观能在一定程度上提升自己的审美水平,32.9%的学生认为效果一般,21.7%的学生认为没有效果,这表明校园雕塑景观在提升学生审美水平方面的作用还需要进一步发挥。

校园雕塑景观对于学生的美育作用发挥不充分,首先,是因为有些高

---

①杨光兰. 毕节地区苗族射弩校园传承考察研究 [D]. 贵阳:贵州大学,2022.
②李洋. 将民族文化元素融入大学校园文化建设的实践路径研究 [D]. 上海:华东师范大学,2014.

校的校园雕塑景观数量偏少，造型趋同，建设时没有深入挖掘学校的文化背景并加以创造性转化，不能从视觉上给学生以美的感受，导致校园雕塑景观与学生之间缺少了一种互动性；其次，有些高校的校园雕塑景观的文化内涵与厚度不足，让学生无法有效领悟其文化价值，导致校园雕塑景观不能充分传递与弘扬学校文化，进而影响美育作用的发挥；最后，有些校园雕塑景观本身的美观性不足，甚至容易因其奇特的外形，引起学生的"误读"。在访谈中，同学 Z 就表示："我认为校园雕塑景观首先是为了更好地装点校园，让整个校园看起来更为美观；其次校园雕塑景观作为实实在在存在的物体，更为直观地让学生感受到美，对学生是有一定的教育意义的。"因此，在利用校园雕塑景观传承学校文化的过程中，要关注对学生的美育作用的发挥。

4. 校园雕塑景观在增强学生对学校的认同和归属感上有待进一步提升

归属感是衡量学校校园文化建设成功与否的重要指标之一。校园雕塑景观作为校园文化的重要组成部分，不仅具有美学价值，还能够为学生营造出一个具有鲜明文化特色的校园环境，从而提升学生对学校的认同和归属感。问卷调查结果显示，只有46.5%的学生认为自己所在大学的校园雕塑景观能让自己更加热爱学校，35.3%的学生表示效果一般，18.1%的学生表示没有效果。可见，目前校园雕塑景观在培养学生的学校认同和归属感方面效果一般。

访谈中，同学 C 就表达出校园归属感的重要性："我目前所在学校的校园雕塑景观是比较稀少的，也体现不出什么校园文化。但是我去过一些雕塑景观比较多的学校，给我的感觉就很好，文化氛围很浓郁，校园看起来也非常大、非常漂亮，像公园一样。这一点让我非常羡慕，不自觉地就会进行对比，希望自己也能够在这样美丽的校园里学习生活。所以我觉得校园雕塑景观对于传承校园文化来说非常重要，一定要直观地让学生们感受到学校的美丽，在那样的环境下学习生活肯定很幸福，就会产生归属感。我们学校在这方面就做得不够好，还是应该重视这方面。"在实地参观南宁市高校的过程中，笔者发现一些校园的雕塑景观设置也存在着对学生不友好的问题。比如某些学校的一些雕塑摆放在校园里不易观察和欣赏的位置，与校园里的其他雕塑缺乏连续性，学生在日常生活中很少能看到这些雕塑景观，导致产生疏离感。还有一些雕塑缺乏深厚的文化内涵和精神内核，过于浅显易懂，难以激发学生的兴趣和想象力，也不能达到增强归属感的目的。

第四节　促进校园雕塑景观有效传承学校文化的建议

校园雕塑作为一种校园文化景观，是学校文化建设的物质基础，在校园文化空间的建构上可显示出导引作用，彰显学校独特的教育理念和精神，是大学校园文化最好的表述形式之一。

在对校园雕塑景观传承学校文化现状及问题分析的基础上，根据组织传播双重能力模式、文化符号学理论和组织文化学理论，提出促进校园雕塑景观有效传承学校文化的一些建议，为高校文化的建设、传承与发展提供一些参考。

1. 完善校园雕塑建设规划，提升雕塑文化质效

校园文化作为学校管理的重要内容，要想充分发挥其效应，就要把完善校园雕塑景观规划作为校园文化建设的重要组成部分，充分认识到校园雕塑景观在传承大学文化方面的作用，认识到雕塑景观在文化育人中的教育价值。因此，要强化对校园雕塑景观的营造及对传统文化的继承，结合所在学校的定位和办学特色，制定出一套适合自己校园文化建设的规划，并把它融入到整个学校的发展规划之中，与大学的整体建设规划保持一致。高校管理者要把校园文化建设与传承当成一件大事来抓，致力于将学校的校园文化通过多形式、多渠道沁入全体师生的心田①，并逐步将其深深植根于学校的整个办学过程中，力争让校园内的一草一木、一物一景都染上浓烈的文化色彩，展现一定的文化底蕴。校园雕塑景观在建设规划过程中，要注重考虑多方面因素，比如说校园雕塑景观的数量和种类一定要进行合理的安排和规划，要考虑到与周围环境的协调性，考虑文化内涵，注重雕塑景观的隐性教育作用等，这样才能更好地通过校园雕塑景观传承学校文化，实现文化育人。

---

①邵丹倩．广州地区古琴校园传承现状调查与分析［D］．广州：广州大学，2019．

另外，学校也要积极制定或完善相关的政策和制度，鼓励校园文化主体自觉自愿地参与到校园景观的建设过程中来。特别是大学生群体，他们通常是校园文化建设最直接的参与者和建设者，是实现校园文化建设的有力保障，可以通过开展相应的文化活动，鼓励学生参与，并在参与过程中进一步学习、领悟和传承校园文化。笔者在与学生的访谈中发现，大学生们对于校园文化有着自己的理解与看法，如同学 Z 表示："我觉得校园文化就是对一个学校的核心宗旨、办学理念的发扬与概括。"同学 L 表示："我觉得校园文化是学校办学理念、办学特色的显性表达。学校的学生和教师们有了共同的理念，才能更好地凝聚力量，为自己的未来奋斗，为学校的发展贡献力量。"同学 J 表示："我觉得校园文化包括一所学校的校风、学风、教风等，这种校园文化是能够让学生和教师在校园环境中不断地受到熏陶和感染，从而更好地提升自我的一种精神层面的东西。"每个学生对于校园文化的看法虽有不同，但基本方向是一致的。因此学校可以采取不同的方式，让学生参与到校园雕塑景观的建设规划中去，充分发挥学生的主观能动性和创造性，促进校园雕塑景观质量和效果的提升，才能更好地促进校园文化的传承与发展。

2. 加强学校文化管理，凸显雕塑景观文化价值

文化管理的目的是集体文化的传承，是让组织文化和组织价值观得以彰显，得到组织成员的广泛认同和传承[1]。校园文化的有效传承要求高校进一步重视和加强文化管理，完善学校文化管理的制度和组织机构，形成纵向领导和横向联动相结合的整体管理合作体制[2]。高校要明确校园雕塑景观和校园文化之间的紧密联系，强化学校文化管理的措施，调动和整合学校各部门和各领域的力量。在顶层设计方面，进行整体规划和协调安排，并制定相应的保障制度，在校内形成合力和推动力，以促进学校文化的传承和发展。

纵向领导——通过校园雕塑景观传承大学文化离不开高校党委和行政的领导，要强化高校党委和行政在学校文化建设中的领导地位。高校党委

---

[1] 任初明，付清香. 组织文化视角下学生对大学校训的认同研究——大学新老校区文化传承系列论文之一 [J]. 高教论坛，2022（07）：50 - 53.

[2] 李鹏云. 民办高校校园文化机制构建研究 [D]. 福州：福建师范大学，2015.

作为学校的领导核心,也是学校文化建设的第一责任人,要规划好学校的文化建设,积极关注学校文化的发展趋势,探索学校文化传播的新途径、新方法,明确各部门在校园文化建设中的职能与作用,形成高校党委与行政针对校园文化建设共同商定、共同部署、共同推进的新格局①。

横向联动——校园文化建设还需要多方合力进行,学校要建立完善引导各行政职能部门、各院系形成通力合作、协调一致、各尽其职的工作机制。根据"谁主管谁负责"的原则,将校园文化建设与文化传承工作纳入各自的责任清单,促使校园文化建设制度化、规范化和责任化,形成校级、院级等各个部门共同协作的长效合作机制。宣传部、学工部、校团委、规划处、基建处、后勤保障处等行政部门及各二级学院等要密切配合,各部门的管理者都须提高文化管理的意识,将学校文化传承融入各自的工作活动之中,制订出能促进学校文化有效传播与融合的实施策略。

在校园文化管理中,宣传是重要的管理方式之一。校园文化的传承离不开有效的宣传教育。让学生更好地了解学校雕塑景观的方式就是加强宣传教育,准确阐释与解读校园雕塑景观的精神内涵,诠释雕塑景观的设计元素、构想及其价值意向,宣讲校园雕塑的创作背景,从而进一步增强学生对校园雕塑景观传承大学文化的感知,并使之根深蒂固于学生的内心。

高校面向学生开展学校文化传承的宣传教育方式也要与时俱进,要多选择年轻学生喜闻乐见的新媒体、新手段。除了校园里展示的雕塑景观以外,要利用好互联网进行宣传,可将校园雕塑景观或者校园文化建设的相关内容打造成学校官网的特定板块,方便学生查看学习;也可精心制作学校文化的宣传片,在校内电子屏循环播放,从视听上不断传播大学的文化理念和价值追求,让学生在潜移默化中加深对自己学校文化的了解,使之逐步深入人心。

习近平总书记强调,美术教育是美育的重要组成部分,对塑造美好心灵有重要作用。为了更好地通过校园雕塑景观传承校园文化,学校可积极打造校园文化雕塑园,通过建设不同主题的雕塑群,进一步凸显特色校园文化,让学生在观赏过程中对学校的文化有更深层次的领悟,让校园雕塑景观所传达的文化内涵和思想得到内化与升华,进而更好地培育学生对校

---

① 杨光兰. 毕节地区苗族射弩校园传承考察研究 [D]. 贵阳:贵州大学,2022.

园文化的认同。例如，2018年广西大学为庆祝建校90周年建设了雕塑园，由君武园、大师园、时光轴等多个部分组成，包括马君武、杨东莼等大师级校长和李达、李四光等著名科学家的雕像及大事记雕塑群。这些雕塑作品展现了广西大学的办学历程，丰富了学校的人文底蕴，传承了学校的办学精神，既丰富了校园景观，美化了校园环境，提升了学校的文化品味，同时也向社会传达着广西第一高等学府的大学文化和办学精神。时任广西大学党委书记刘正东表示，阅读书籍和欣赏艺术构成了一个人的精神文化环境，深刻地影响着其文化素养和品德修养。通过校园雕塑等艺术形式凝聚学校的历史、文化和精神内核，学校可以向更多的年轻学生传递历史，传承文化自信和美好的精神传统。

3. 挖掘文化资源，赋予雕塑景观丰富的精神内涵

校园雕塑景观作为校园文化载体之一，可以蕴含极为浓厚的文化氛围与价值取向，在校园文化传承中扮演着极为重要的角色。校园雕塑景观是大学文化的花朵，它赋予大学文化生动而灿烂的形态，是反映大学精神的"物化的意识"和反映大学人理想追求的"诗化的情景"①，是寄托大学人艺术审美和精神理想的载体，是大学文化场中无处不在的最具魅力、文化表征和影响力的因素之一。

一所学校的总体环境面貌和校园景观，可以直观地反映出学校的风格和实力，也可显示出其基本面貌和校园精神。对来访者或参观者来说，它能够展现学校的学习与生活环境，给参观者一个最直观的印象；对本校的师生来说，它会产生一种长期的、潜在的深远影响。因此，高校要结合学校办学定位和办学特色，积极挖掘文化资源，赋予雕塑景观丰富的精神内涵。例如，广西中医药大学校园内摆放的关公刮骨疗毒雕像，展现了华佗高超的医学技术，体现了中医文化，展现了医学院校的办学特色。再如广西民族大学校园内摆放的"铸牢中华民族共同体意识"石碑，体现了民族院校在促进中华民族一家亲及铸牢中华民族共同体意识中的责任担当，让身在民族院校的师生很容易提升代入感，对于树立校园文化认同和归属感具有重要意义。

---

① 孙静，谢泉，吴晓. 基于文化环境建构的校园雕塑建设研究——以东南大学、南京大学、南京师范大学老校区为例 [J]. 规划师，2008 (06)：28-32.

校园雕塑景观作为新时代高校文化建设的一道亮丽风景线，源于生活而又高于生活，很多校园雕塑景观已经成为高校的文化艺术象征。运用校园雕塑景观，可以营造出专属于高校的校园文化。在借助雕塑景观来传承校园文化的过程中，要结合学校发展的历史、办学特色、办学定位、办学理念，借助灵活、多层次的校园文化元素，建造符合本校独特校园文化底蕴的雕塑景观，打造出独具本校特色的文化艺术名片。学生 W 在访谈中就表示："为了更好地实现校园文化传承，可以充分挖掘校园文化内涵，将其运用于校园雕塑景观。不管是在校师生还是来访者，都可以根据校园雕塑景观的内容，深入感知并进一步理解学校的文化内涵。"例如广西中医药大学校园内摆放的一座雕塑刻有毛泽东主席的重要批示："中国医药学是一个伟大的宝库，应当努力发掘，加以提高。"这是 1958 年毛泽东同志对中医药的重要批示，思想蕴含深远、伟大，极大提升了广西中医药大学中医药文化的整体气韵，同时鞭策全校师生在毛泽东同志实事求是、高瞻远瞩的精辟批示下，不忘初心，牢记使命，继承发扬中医药事业，为人类健康奋斗终生。该雕塑突出了医学院校的文化特色，为校园文化建设提供了原动力。

4. 校园雕塑景观要兼具艺术性和教育性

为了更好地讲述大学自己的故事、传递大学的好声音，从而更好地实现文化育人，越来越多的高校日益注重校园文化景观的建设。然而，有些大学在设计和建造校园雕塑景观时，存在盲目追求规模和形式创新，使校园雕塑与大学的历史、文化、专业、人物及办学精神存在一定程度上的脱节现象，制约了雕塑景观育人和文化传承作用的发挥。只有同时具备艺术气息、历史底蕴和思想内涵的校园雕塑景观，才能给师生带来审美的愉悦和思想的启迪。大学不仅是传递和创新知识的地方，更是为未来社会的发展培养各种高素质专门人才的场所，相较于其他社会组织，大学需要有更加高雅和更高品味的审美格调，而高校恰恰可以通过优美的校园雕塑景观来实现这一目标。南开大学的前校长母国光教授曾说过："办大学就是办一种氛围。"因此，大学在建设雕塑景观时，必须注重审美性和教育性，并且要与大学的气质文化相匹配，但同时要避免重复，并使艺术形象与雕塑内容相匹配，介于具象与抽象之间，这样大家才能更好地理解其所要表达的含义。

校园雕塑景观是为了在教化学生"美"的同时，传承大学的精神文脉，起到文化育人的作用。大学校园雕塑景观从本质上来说是以物质景观的形式向人们展示这所学校的校园文化，以视觉景观为主，因此校园雕塑景观在建造时要遵循美学的原则，体现艺术性。校园雕塑景观的文化内涵应当通过艺术创作的方式来展现，使得师生在欣赏过程中能够想象出美好的意境。同时还应当充分考虑其教育意义，通过对校园雕塑景观的观看和欣赏引人思考，才能更好地传递其本身蕴含的文化内涵。

总的来说，校园雕塑景观必须兼具外在的艺术性和内在蕴含的教育性，二者缺一不可，要着重表现人类智慧和对真善美的永恒追求，从感官出发，使广大师生感受到美，并通过其造型艺术传达出深刻的内涵，促进校园文化的传承。

第六章 大学新校区传承学校文化的案例研究

开展新老校区学校文化传承的案例研究有助于丰富大学新校区传承学校文化的认识，更好地理解学校文化传承的特殊性和共性的关系。根据大学新校区和老校区各自承担的功能，可将大学新校区划分为延伸型新校区（即教学、科研、行政管理中心依然在老校区，新校区只是学校部分办学功能的延伸）、替代型新校区（即新校区替代老校区成为学校教学、科研、行政管理中心，老校区只承担部分办学功能或转为他用）、整迁型新校区（即老校区整体搬迁到新校区，老校区原来的土地另作他用）。根据这三种新校区类型，综合考虑学校历史、综合实力、地域分布等因素，选择中国 J 大学、广西 S 大学、湖北 H 大学三所高校为具体研究案例，这三所高校均为国家公办本科院校，基本代表了上述新校区的三种类型，具有一定的典型意义。同时利用《大学新老校区文化认同及传承调查问卷（学生卷）》以及访谈和实地考察等方法，了解三类新校区师生对校园文化的认同情况，以及新老校区校园文化传承状况，总结新老校区校园文化传承的经验和做法，为促进新老校区校园文化传承提供一些可借鉴的经验。

文化认同既是新校区传承学校文化的心理基础，也是检验新校区学校文化传承效果的重要维度。本章的研究思路是，先采用《大学新老校区文化认同及传承调查问卷（学生卷）》对三所大学新校区的学生进行调查，了解新校区学生对学校文化的认同状况及传承效果，再对三所大学传承学校文化的经验进行研究分析，以便为其他高校提供参考。

第一节　整迁型新校区传承学校文化的案例分析

一、中国 J 大学简介

中国 J 大学是一所以计量、标准、质量、市场监管和检验检疫为办学特色的高等院校。学校前身是 1978 年由国家计量总局创建的计量学校，2016 年更名为大学，2019 年成为浙江省与国家市场监管总局共建大学和浙江省重点建设大学。2021 年，经国务院学位委员会审核，学校成功获批博士学位授予单位。

截至 2024 年 6 月，学校设有博士学位授权一级学科点 2 个，硕士学位授权一级学科点 15 个，硕士专业学位授权点 11 个；"省市共建"一流学科 1 个，浙江省一流学科 10 个，ESI（基本科学指标数据库）全球排名前 1% 学科 4 个；国家级一流专业 18 个、国家特色专业 4 个、国家级专业综合改革试点专业 1 个，省级一流专业 24 个、省级优势专业 7 个、省特色专业 14 个，教育部"卓越工程师教育培养计划"专业 5 个；国家级一流课程 6 门，国家级精品课程、国家级精品资源共享课、国家级双语教学示范课程等 7 门，浙江省一流课程 145 门，省级精品课程 22 门；国家级实验教学示范中心 1 个，国家级虚拟仿真实验教学中心 1 个，省级实验教学示范中心 14 个；国家级人才培养模式创新实验区 1 个，全国示范性工程专业学位研究生联合培养基地 1 个。

学校设有 19 个学院（部、中心），现有全日制在校普通本科生 1.6 万余人、研究生 5 000 余人。现有专任教师 1 500 余人，其中具有高级职称的教师 700 余人，具有博士学位的教师近 78%。有国家领军人才 20 余人，省部级人才 80 余人。有全国高校黄大年式教师团队 1 个，国家级教学团队 6 个；浙江省高校黄大年式教师团队 1 个，浙江省高校教学团队 5 个。获国家级、省级教学成果奖 43 项，拥有中国唯一获得全球首届"ISO 标准化高等教育奖"的学院。学校秉承"精思国计、细量民生"的校训精神，踔厉奋发、笃行致远，朝着全面建成特色鲜明、国际知名的高水平大学不懈奋斗①。2000年,学校获得浙江省政府的重点扶持,首批进入下沙高教园区,新校区占地面积1 180亩,投资5.35亿元,规划建成后校舍面积达21万平方米。2003年新校区建成,学校整体搬迁至下沙高教园区办学。在新校区的建设过程中,学校通过传承、移植和创新的方式,不断加大校园文化设施的投入,内在挖掘深厚的计量文化,外在设计高雅的校园环境,逐渐构建起了具有计量特色的校园文化体系。

二、中国J大学新校区传承学校文化的基本做法

中国J大学作为一所只有40多年办学历史的学校,能够在较短时间内建设成为极具特色,并因其特色校园文化而知名的学校,离不开学校在文化建设中做好挖掘、传承、丰富、弘扬传统计量文化这篇大文章。学校把计量特色全方位渗透于文化建设全过程,以"计量立校、标准立人、质量立业,培养适应国家质量振兴事业需要的高素质人才"作为办学定位,在加大特色校园文化环境设施建设投入的同时,不断丰富学校精神的内涵,精心设计高雅的文化情境,创新打造校园文化精品工程,逐渐构建起独具特色的校园文化体系。其基本做法如下:

1. 强化办学理念,凝聚计量文化核心

中国J大学在办学历程中,逐渐确立起"计量立校、标准立人、质量立业"的办学理念。基于办学理念的传统性维度、时代性维度和理想性维度,在广泛的实践中,发挥广大师生的主体作用,2005年面向全校师生开展校风、学风、校训、校歌征集活动,凝练出"精思国计、细量民生"的校训、"严格严谨、求实求新"的校风、"尚德乐业、博学善教"的教风和"励志笃学、求真诚行"的学风②。"精思国计,细量民生"的校训蕴涵着高标准的职业要求、对社会的责任感和对事业的使命感,体现了中国J大学师生在职业生涯中"形成精思细量的职业行为习惯、夯实关注国计民生的社会责任感、升华以贡献国家质量振兴事业为己任的崇高使命感"的不懈追求。这些校园风气逐渐凝结为中国J大学的校园精神。

---

①资料来源:https://www.cjlu.edu.cn,数据截至2024年6月30日。
②资料来源:https://www.cjlu.edu.cn/info/1163/20132.htm。

2. 加强校园物质文化景观建设，烘托计量文化氛围

2003年9月起，中国J大学正式导入视觉识别系统，通过视觉符码塑造学校形象。2003—2006年，分两个阶段完成了西校区和生活区共23幢楼、20条道路和7个景观的命名和阐释工作。在命名过程中，中国J大学坚持以名称为载体，渗透文化内涵，营造育人氛围。校内的楼名、路名和景观名呈现两大特点：第一，以儒家文化为代表，体现人文精神，如明德楼、至诚路、至勤道、博学路、慎思路、笃行路、天健体育馆、格致楼等；第二，以计量特色为代表，体现科学精神，如张衡道、守敬道、沈括路、方升路、天筹路、甘石道、嘉量大会堂、天问科技活动中心、仰仪楼等。校训石碑（图6-1）、教室里"一训三风"的立体刻字、图书馆人文长卷浮雕等各类人文雕塑，都充分体现了中国J大学的校园精神和办学特色。学校还建设有计量博物馆和校史馆，将参观两馆作为新生入学教育的一项重要内容，让全校师生对"计量"二字知其然，同时知其所以然。中国J大学在新校区建设过程中，通过一景一物来展示办学轨迹，彰显校园精神，行走在其校园中，可以感受到浓厚的计量文化氛围。

图6-1 中国J大学校训石碑

3. 加强制度建设，内化计量文化要求

"一丝不苟"是计量文化最显著的特征。"严格严谨，求实求新"的校风，体现了中国J大学师生在工作学习中"严格标准、严谨计量、务求实效、开拓创新、追求质量"的不懈追求。中国J大学先后印发了《中国J大学文化建设行动计划（2008—2012）》《中国J大学文化建设行动计划（2013—2015）》《中国J大学文化建设规划（2016—2020）》，重点开展了凝练与弘扬学校精神、学校制度文化创新、学校形象文化建设、促进学院文化发展和繁荣等8个方面、39项强有力的文化建设措施。学校思想政治工作的实施意见中将"校园文化建设工程"列为"七大工程"之一，在《思想政治工作建设任务书（2017—2020）》中提出了27个关于持续完善独具特色的校园文化体系的重要改革举措和工作项目。

4. 打造品牌活动，升华计量文化内涵

中国J大学打造了一批反映社会主义核心价值观和师生价值追求的计量文化活动品牌，"中国文化节"获评第四届全国高校"礼敬中华文化"系列活动特色展示项目，师生自编、自导、自演了我国第一部系统反映中国计量文化的原创音乐舞蹈史诗《千秋计量》；通过举办学科竞赛和创业计划大赛、学生课外科技项目立项、学生申请专利等形式，开展科技学术与创新创业素质教育；通过举办"嘉量讲坛""翔宇论坛""启明讲坛"等活动，培养和塑造学生的人文精神；注重培育特色精品社团，尤其是"质量标准化协会""消费者协会"等具有鲜明计量特色的社团。在3月15日国际消费者权益日、4月26日世界知识产权日、5月20日世界计量日、10月14日世界标准化日等相关纪念日，学校都会举办相关活动，同时配合有关管理部门开展"打假"、"质量万里行"、广场咨询、法律法规宣传等活动。学校还经常举办计量文化主题论坛、"我眼中的量大"主题摄影展、计量文化知识竞赛等，既拓宽了学生的知识面，又强化了学生的爱校荣校意识，使计量文化深入人心。

三、基于学生视角的新校区传承学校文化的效果分析

文化认同是学校文化传承的基础，也是检验文化传承效果的重要维度。本部分基于学生对学校文化认同状况的调查，分析中国J大学学校文

化传承的实际效果。

（一）调查样本情况

采用《大学新老校区文化认同及传承调查问卷（学生卷）》在中国J大学新校区实地调研，共向学生发放问卷200份，回收有效问卷198份，调查对象样本分布如表6-1所示。

表6-1 中国J大学调查对象样本分布情况统计

人口学变量	选项	频数	百分比/%
性别	男	109	55.05
	女	89	44.95
您目前的学习阶段	大一	134	67.68
	大二	27	13.64
	大三	28	14.14
	大四	3	1.52
	研究生	6	3.04
您所学专业类别	工科	124	62.63
	理科	17	8.59
	文科	38	19.19
	其他	19	9.60

从表6-1中我们可以看出，198名调查对象中有男生109人，占55.05%，女生89人，占44.95%，男生人数略多于女生。调查对象的学习阶段主要为本科，研究生较少，其中大一学生134人，占67.68%，超过了调查人数的一半；大二学生27人，占13.64%；大三学生28人，占14.14%；大四学生3人，占1.52%。调查对象中工科专业有124人，占62.63%，这与学校以计量为主的专业设置息息相关，理科、文科和其他学科人数分别为17、38和19人，分别占比为8.59%、19.19%和9.60%。此外，由于中国J大学属于整迁型新校区，老校区已经不在了，因此调查对象平时上课和住宿都集中在新校区。

（二）中国J大学新校区学生对学校文化的认同状况

将学校文化认同分为内容认知、情感认同和行为认同三个维度，通过对调查结果的数据处理，得出如下结论：

1. 中国 J 大学的学生对自己学校文化的认知和了解程度存在差异

从表 6-2 中我们可以看出，中国 J 大学学生对校歌、校风、大学倡导的价值观念、校训和学风比较了解，89.4% 的学生表示会唱自己大学的校歌，75.8% 的学生表示了解自己学校的校风，74.2% 的学生表示了解自己大学倡导的价值观念，74.7% 的学生表示能准确说出自己大学的校训，73.7% 的学生表示了解自己学校的学风。学生对自己大学的校史和校训、校徽等典型文化符号的内涵的了解则相对不足，仅有 59.1% 的学生了解自己学校的校史，52.5% 的学生表示知道自己大学校徽的含义，55.6% 的学生表示自己对学校宣传的典型人物或事迹很熟悉，63.6% 的学生表示能准确诠释自己大学校训的精神内涵。还有 26.3% 的学生表示不了解自己学校的学风，25.8% 的学生表示不了解自己大学倡导的价值观念，25.3% 的学生表示不能准确说出自己大学的校训，24.2% 的学生表示不了解自己学校的校风，10.6% 的学生表示不会唱自己大学的校歌。

表 6-2　中国 J 大学新校区学生对学校文化内容认知情况统计　　%

题项	完全同意	比较同意	不确定	不太同意	完全不同意
b1 我了解我们大学的基本校史	13.1	46.0	24.2	13.1	3.6
b2 我了解我们大学的办学理念与目标	19.7	52.0	16.2	9.1	3.0
b3 我了解我们大学的校风	21.2	54.5	16.7	6.1	1.5
b4 我了解我们大学的学风	19.7	54.0	17.2	6.1	3.0
b5 我了解我们大学倡导的价值观念	21.2	53.0	17.7	6.1	2.0
b6 我能准确说出我们大学的校训	49.0	25.8	14.1	7.6	3.5

续表

题项	完全同意	比较同意	不确定	不太同意	完全不同意
b7 我可以准确地诠释我们大学校训的精神内涵	19.2	44.4	22.2	10.6	3.6
b8 我知道我们大学校徽的含义	18.2	34.3	29.3	14.1	4.0
b9 我会唱我们大学的校歌	65.2	24.2	7.6	2.5	0.5
b10 我对学校宣传的典型人物或事迹很熟悉	13.6	41.9	27.3	13.6	3.5

2. 中国 J 大学新校区学生情感上基本认同学校的文化

从表 6-3 可知，84.8% 的学生表示认同自己大学倡导的价值观念，81.3% 的学生表示赞同自己大学的办学理念，79.3% 的学生表示喜欢自己大学的校徽形象设计，75.8% 学生表示喜欢自己大学的校歌，75.8% 的学生表示为自己能在现在的大学学习感到自豪，74.7% 的学生表示为自己学校的历史文化底蕴感到自豪，说明七成以上学生情感上比较认同自己学校的文化。但依然有少部分学生对学校文化的情感认同度较低，15.2% 的学生表示不认同自己大学倡导的价值观念，18.7% 的学生表示不确定和不赞同自己大学的办学理念，20.7% 的学生表示不喜欢自己大学的校徽形象设计，24.2% 的学生表示不喜欢自己大学的校歌，25.3% 的学生表示自己学校的历史文化底蕴无法让自己产生自豪感，24.2% 的学生表示在现在的大学学习无法产生自豪感。

表 6-3 中国 J 大学新校区学生对学校文化情感认同情况统计　　%

题项	完全同意	比较同意	不确定	不太同意	完全不同意
b11 我为我们学校的历史文化底蕴感到自豪	29.3	45.5	15.7	7.5	2.0
b12 我赞同我们大学的办学理念	32.8	48.5	12.1	4.5	2.1

续表

题项	完全同意	比较同意	不确定	不太同意	完全不同意
b13 我认同我们大学倡导的价值观念	35.9	49.0	10.1	3.0	2.0
b14 我喜欢我们大学的校徽形象设计	33.8	45.5	15.2	3.0	2.5
b15 我喜欢我们的校歌	36.4	39.4	15.2	6.0	3.0
b16 我为自己能在现在的大学学习感到自豪	29.8	46.0	15.7	5.5	3.0

3. 中国 J 大学新校区六成以上的学生能践行学校的文化

从表6-4可知，88.4%的学生表示在学习中会主动遵守学校的管理规章制度，88.9%的学生表示会主动维护学校的形象和声誉，79.8%的学生表示在学习中会主动践行校风和学风，76.3%的学生表示会主动向他人介绍自己学校的历史与文化，72.7%的学生表示在学习中会以学校宣传的典型人物为榜样激励自己，67.7%的学生表示在学习中常用学校的校训引领自己，60.1%的学生表示在学习中常用校歌激励自己。同时也可看出，还有部分学生对学校文化的行为认同程度有待提高，10.6%的学生表示在学习中不会主动遵守学校的管理规章制度，11.9%的学生表示不会主动维护学校的形象和声誉，20.8%的学生表示在学习中不会主动践行校风和学风，23.7%的学生表示不会主动向他人介绍自己大学的历史与文化，27.3%的学生表示在学习中不会以学校宣传的典型人物为榜样激励自己，32.3%的学生表示在学习中不会用学校的校训引领自己，39.9%的学生表示不会在学习中用校歌激励自己。可见，虽然六成以上的中国 J 大学新校区学生对校园文化的行为认同情况较好，在学习生活中能主动遵守学校的管理规章制度，主动维护学校的形象和声誉，主动践行学校的学风和校风，荣校爱校情感浓厚，对校歌、校训较为熟知，但在其行为内化方面还有待提高，校歌、校训蕴含的深厚内涵和精神内核在引导学生行为方面的作用还有较大的上升空间。

表6-4 中国J大学新校区学生对学校文化行为认同情况统计　　%

题项	完全同意	比较同意	不确定	不太同意	完全不同意
b17 在学习中我常用我校的校训引领自己	23.7	43.9	19.2	8.6	4.5
b18 在学习中我常用我校的校歌激励自己	21.7	38.4	19.2	14.6	6.1
b19 在学习中我会主动遵守我们学校的管理规章制度	41.4	47.0	8.1	2.5	1.0
b20 在学习中我会主动践行我们的校风	34.3	45.5	13.6	5.6	1.0
b21 在学习中我会主动践行我们的学风	34.3	45.5	13.6	5.6	1.0
b22 在学习中我会以学校宣传的典型人物为榜样激励自己	27.3	45.5	18.2	6.6	2.4
b23 我会主动维护我们大学的形象和声誉	49.5	39.4	9.1	1.5	0.5
b24 我会主动向他人介绍我们大学的历史与文化	29.8	46.5	12.1	8.1	3.5

(三) 中国J大学新校区传承学校文化状况

1. 学校重视在新校区传承学校文化

针对"校领导对在新校区传承学校文化的重视程度"调查显示，23.8%的学生认为非常重视，55.6%认为比较重视，合计79.3%；针对"我所在学校重视向学生开展学校文化教育"的调查显示，23.7%的学生认为非常重视，59.6%的学生认为比较重视，合计83.3%，说明中国J大学比较重视在新校区进行学校文化传承。通过与学生的访谈得知，在新生入学时，学校会以班会、团课的方式向学生介绍校园文化，同时发放《量大文化简明读本》，系统介绍学校校园文化，从源远流长的计量文化到校园人文景观,再到丰富多彩的校园活动,都有详细的记载和说明,并且每年都会进行修订,为新入学的学生了解学校校园文化提供了充足的资料。此外学校还会组织新生参观校史馆和计量文化博物馆,充分利用校史资源,让学生了解学校的发展历程和脉络,更好地理解学校在发展过程中沉淀和凝练的价值理念和大学精神。

2. 新校区传承学校文化的效果得到大部分学生认可

针对"我所在大学的新校区对学校文化传承效果"的调查显示,21.7%的学生表示传承效果非常好,53.5%的学生表示比较好,合计75.3%;还有21.2%的学生表示效果一般,3.5%的学生表示效果不好。对传承效果的具体调查结果显示(表6-5),83.8%的学生表示自己能在新校区感受到学校文化潜移默化的影响,80.8%的学生表示自己能在新校区感受到学校的办学特色,77.3%的学生表示自己能在新校区领悟到学校的光荣历史,说明中国J大学新校区学校文化传承的效果得到大部分学生认可。

表6-5　中国J大学新校区校园文化传承效果统计　　　　%

题项	完全同意	比较同意	不确定	不太同意	完全不同意
我能在我们大学新校区感受到学校文化潜移默化的影响	25.8	58.1	13.6	2.0	0.5
我能在我们大学的新校区领悟到学校的光荣历史	24.2	53.0	19.2	2.5	1.0
我能在我们大学的新校区感受到学校的办学特色	25.8	55.1	14.6	3.5	1.0

3. 在新校区传承学校文化过程中,学校能调动多元主体参与的积极性

在校园文化传承过程中,校领导、学校职能部门领导、各二级学院领导、学校知名教授或教师、广大普通教师、学生和校友都是校园文化传承的主体。基于中国J大学学生立场,表6-6调查了这些主体在学校文化传

承中的作用发挥情况，结果显示，78.3%的学生认为校领导发挥了积极作用，75.8%的学生认为学校职能部门领导发挥了积极作用，77.8%的学生认为各二级学院领导发挥了积极作用，77.8%的学生认为学校的知名教授或优秀教师发挥了积极作用，80.3%的学生认为广大普通教师发挥了积极作用，78.8%的学生认为广大学生发挥了积极作用。

除了发挥多元传承主体的作用外，中国 J 大学新校区在传承学校文化的过程中，还比较注重听取师生和校友的意见。调查显示，78.3%的学生认为会听取和吸收教师们的意见，76.3%的学生认为会听取和吸收学生们的意见，78.3%的学生认为自己所在大学在新校区校园文化建设过程中会听取和吸收校友们的意见。在访谈中得知，中国 J 大学的校训"精思国计、细量民生"就是由学生凝练得出并被学校采用的，新校区的陶冶亭是在校友回校参观时提出、由老校区移植而来的，这些都说明在中国 J 大学新校区的校园文化建设中，广大师生参与度较高。

表6-6 中国 J 大学新校区多元主体参与学校文化传承情况统计 %

题项	完全同意	比较同意	不确定	不太同意	完全不同意
b27 我校新校区在传承学校文化的过程中，校领导发挥了积极作用	19.7	58.6	17.7	4.0	0
b28 我校新校区在传承学校文化的过程中，学校职能部门领导发挥了积极作用	21.7	54.0	17.7	4.0	2.5
b29 我校新校区在传承学校文化的过程中，各二级学院领导发挥了积极作用	21.7	56.1	17.2	2.5	2.5
b30 我校新校区在传承学校文化的过程中，学校的知名教授或优秀教师发挥了积极作用	22.7	55.1	17.7	3.0	1.5

续表

题项	完全同意	比较同意	不确定	不太同意	完全不同意
b31 我校新校区在传承学校文化的过程中,广大普通教师发挥了积极作用	22.7	57.6	17.2	1.5	1.0
b32 我校新校区在传承学校文化的过程中,广大学生发挥了积极作用	23.7	55.1	17.7	2.5	1.0
b41 我所在大学在新校区校园文化建设过程中会听取和吸收教师们的意见	22.7	55.6	18.7	2.5	0.5
b42 我所在大学在新校区校园文化建设过程中会听取和吸收学生们的意见	22.7	53.5	19.2	2.5	2.0
b43 我所在大学在新校区校园文化建设过程中会听取和吸收校友们的意见	23.2	55.1	18.7	2.0	1.0

4. 能积极利用校园物质载体进行文化传承

从表6-7中我们可以看出,82.8%的中国J大学学生能在大学新校区的校园建筑名称和新校区道路名称中感受到学校的文化,80.8%的学生能在大学新校区的校园人文景观（如校园雕塑）中感受到学校的文化,79.8%的学生能在大学新校区举办的校园活动中感受到学校的文化,这说明中国J大学在新校区物质环境建设过程中能够融入校园文化,营造出文化氛围浓厚的校园环境。以学校建筑命名为例,笔者在实地考察中发现,不同于常见的以阿拉伯数字为建筑楼宇编号,中国J大学新校区的每座建筑都有一个富有文化气息的名字,如明德楼、格致楼、仰仪楼等,或蕴含儒家思想，或体现计量特色，置身校内可以感受到浓厚的文化气息。

表6-7 中国J大学新校区校园文化传承载体情况统计 %

题项	完全同意	比较同意	不确定	不太同意	完全不同意
b34 我能在大学新校区的校园建筑名称中感受到学校的文化	25.8	57.1	14.1	2.0	1.0
b35 我能在大学新校区的道路名称中感受到学校的文化	25.8	57.1	12.6	3.5	1.0
b36 我能在大学新校区的校园人文景观（如校园雕塑）中感受到学校的文化	25.3	55.6	15.2	3.0	1.0
b37 我能在大学新校区举办的校园活动中感受到学校的文化	26.8	53.0	15.2	4.5	0.5

第二节 替代型新校区传承学校文化的案例分析

一、广西S大学简介

广西S大学位于广西桂林，是教育部与广西壮族自治区人民政府共建高校。广西S大学的前身为广西省立师范专科学校，创办于1932年，曾六次更名、八次迁址、四度调整，1983年更名为广西S大学。截至2024年，在学科建设方面，广西S大学现有全日制普通本科专业75个，一级学科博士学位授权点10个，专业博士点3个，博士后科研流动站7个，一级学科硕士学位授权点30个，硕士专业学位授权点26个，学科专业涵盖了13大门类。学校现有教职员工5 000多人，全日制本科生38 000多人，硕士研究生7 600多人，博士研究生400多人，各类国际学生近900人，成人教育学生近 30 000 人①。近年来，学校教改成果显著，科研成果丰硕，文化产业蓬勃发展，国际交流日益广泛，正在向着更高水平大学的目标稳步前进。

广西 S 大学共有三处校区，分别是育才校区、王城校区、雁山校区，其中雁山校区是学校为扩大办学空间、满足办学需要，以外延扩展的方式，在异地新建的校区。雁山校区位于桂林市雁山新城区，学校在选址和规划上严格遵循桂林市整体城市规划，同时兼顾学校文化遗产，在广西 S 大学前身广西省立师范专科学校原校址的基础上选建新校区。雁山校区筹建于 2005 年 12 月，2007 年 9 月正式投入使用。学校在新校区建设规划中坚持互动性、开放性、人文性和实用性的原则，将雁山校区建设成为布局合理、设施齐全、环境优雅、建筑新颖、功能齐全、有利于教学科研和师生员工学习生活的花园式校园。雁山校区以一轴三横二纵一环为规划骨架，划分为校前区、教学中心区、学生生活区、体育运动区、教师生活区和附属中学区六个功能区，各功能区之间交相辉映、相得益彰。现在雁山校区已经容纳了学校大部分学院的本科生、硕士生和博士生，承担起了更多的行政和教学功能，成为广西 S 大学的主校区。

二、广西 S 大学新校区传承学校文化的做法

广西 S 大学在雁山校区进行学校文化传承时，注重从顶层设计引领学校文化，挖掘校史资源，弘扬优秀文化传统，传承文化品牌，增强文化育人效果。具体做法如下：

1. 注重顶层设计，引领学校文化建设

广西 S 大学在选建新校区之初就确立了以校园建筑和环境建设来实现校园文化传承和创造的目标。时值桂林市"十一五"总体规划期间，根据规划，雁山新城区将作为桂林市重点建设发展方向，雁山被定为"为充分体现现代教育理念，建设与国际接轨的开放式新型城市"，这一规划可为学校的发展建设提供完善的基础设施和社会化服务的支持，也可为学校的高起点建设奠定基础。因此广西 S 大学在选址时充分考虑桂林市这一总体

---

①资料来源：http://www.gxnu.edu.cn，数据截至 2022 年 5 月。

规划,将新校区选址定在雁山区,使得新校区的规划建设能够依托地方资源和政府支持,将学校发展融入桂林城市建设与社会经济建设总体规划之中。此外,雁山校区还位于广西省立师范专科学校(广西S大学前身)原有校址上,继承了学校宝贵的文化遗产,为新校区的文化建设从源头上奠定了坚实的基础。同时新校区将校园整体规划为一轴三横二纵一环,划分为六个功能区,并在校园的中心位置上设计了一个中央生态公园,以景观作为校园的特色标志,在中央公园的四周建立教学楼,将学校悠久的办学历史和深厚的校园文化与自然山水融为一体,使优秀的校园文化传统与桂林生态山水名城、历史文化名城的定位相结合,保护并创造了良好的校园环境,起到环境育人的良好效果。在建筑风格与环境布置上融入大学精神、学科特色以及历史传承,呈现了"兼容并包、合而不同"的文化韵味。在教学楼、办公楼、学生食堂等建筑上参考了王城校区的建筑风格,并且利用文化移植复制的方法,将王城校区的校门风格在新校区东大门重现(图6-2),彰显了新校区的文化底蕴。同时在新校区的建设过程中,从实际需求出发,在传承中又有所创新,如在体育馆、音乐组团建筑中展示了学校人文环境的造型理念和体育运动的精神内涵。此外,在新校区的建设中充分考虑与属地文化的交流,校区功能本着"综合利用、服务学校、兼顾社会"的原则,在满足学校教学、训练、娱乐等要求的基础上,服务于当地社会与人民,与属地文化形成良好的交流与互动。正是由于在规划之初就注重顶层设计,从校区选址、校园规划和楼宇建筑整体规划等

图6-2 广西S大学雁山校区东大门

层面总体把握，才成就了雁山校区"楼在水中、景在校中"的浪漫山水意境，使得雁山校区成为名副其实的生态化校园，从校区建筑和环境建设上实现校园文化的传承和创造。

2. 注重挖掘校史资源，传承优秀文化传统

校史文化是各大学历史传统的积淀，承载着大学精神，反映校园文化内涵，是高校在发展中所创造和积淀的物质与精神财富的总和，是大学校园文化的根基和命脉，是中华优秀文化的重要组成部分。在新校区建设中传承和弘扬校史文化，对于营造浓厚的校园文化氛围、构建"以文化人、以文育人"的环境育人空间具有极其重要的作用。

广西S大学的前身是创办于1932年的广西省立师范专科学校，是中国最早的高等师范学校之一，在八十多年的发展历程中，曾六次更名、八次迁址、四度调整。在抗战时期，与西南师范学院和昆明师范学院一同成为抗日大后方著名的三所高等师范院校，并被誉为"西南民主堡垒"。建校以来，杨东莼、薛暮桥、陈望道、欧阳予倩、林砺儒、陈翰笙、夏征农及曾作忠、张云莹、谢厚藩、陈伯康、林焕平、钟文典、贺祥麟、伍纯道等一大批知名人士和专家学者群英荟萃，凝练形成了"尊师重道、敬业乐群"的校训。可见，广西S大学拥有较丰厚的人文底蕴和历史文化，在新校区校园文化建设中也比较注重挖掘校史文化资源，以这些历史文化名人命名校内道路、小桥和教学楼。如根据最初办学地点在桂林雁山园的历史，将雁山校区的环线主干道命名为雁园路；以建校之初始建的起文楼命名为文科综合楼；以首任校长杨东莼先生的名字，将校内主干道命名为东莼路，将东大门前的桥命名为东莼桥；翻译我国第一本《共产党宣言》的陈望道先生曾在广西师专（广西S大学前身）任教，学校以他的名字将校内一条主干道环路命名为望道路；以著名教育家谢厚藩的名字，将雁栖湖东边的道路命名为厚藩东路，将雁栖湖南边的教学楼命名为厚藩楼；以我国著名组织胚胎学家陈伯康教授的名字，将生物多样性博物馆命名为伯康楼；还为首任校长杨东莼和著名教育家林砺儒、张云莹等对学校发展做出过重要贡献的专家学者建造了雕塑（图6-3~图6-5）。通过命名校内道路、教学楼及立雕塑的方式，来纪念这些知名人士，也借助这些符号载体来传承学校文化。

图6-3 首任校长杨东莼先生雕像　　图6-4 教育家林砺儒先生雕像　　图6-5 教育家张云莹先生雕像

学校还以2017年85周年校庆为契机，出版了"校史叙事研究丛书"三册，开展"独秀情·乐群志"校史文化传承系列活动；2018年推出《广西S大学简史》视频短片，并在学校官微等媒体广泛传播；制作校史著名人物铜像；在学校官网上清晰记录着从1932年建校之初到2018年的发展历程，学生可以在这里查询到学校发展关键节点的重大事迹，为学生了解学校校史文化提供了畅通的网络渠道。广西S大学注重深度挖掘校史资料，充分发挥了校史文化在新校区校园文化传承和建设中弘扬文化传统、增强师生文化认同和突出校区文化特色所重要作用，值得其他学校参考借鉴。

3. 注重文化品牌传承，增强文化育人效果

大学校园文化品牌是指在大学校园文化长期发展过程中形成的，通过积淀、总结和凝练，再加以宣传和推广，使其在全体师生心中具有较强的影响力、号召力和凝聚力，引发全体师生一致认同，并吸引广大师生积极参与和实践的校园文化特色项目。校园文化品牌是高校文化软实力的体现，集合了一系列优秀的成果，具有先进性、指导性和示范性，有利于学校提升校园活动的水平、丰富其内涵，对大学精神文明建设起到引导和示范的作用。打造校园文化品牌是大学文化建设的重要方向，在新校区传承老校区文化品牌是非常有效的文化建设方式。

广西S大学在新校区校园文化的建设过程中，充分利用现有优秀校园

文化品牌优势，进一步凝练以"尊师重道、敬业乐群"为核心的师大精神，塑造与宣传校训精神典型人物，增强师生员工对学校文化的认同。在新校区推进"独秀""乐群"校园文化品牌集群建设，持续打造"独秀书香""独秀"作家群、"独秀"画家群、"独秀"教师群、"独秀思享家""乐群读书会"等品牌，做大做强"小"系列"乐群"公益文化品牌，其中乐群志愿者联盟打造的 16 个"小"系列公益服务品牌得到《光明日报》《中国教育报》等媒体的多次报道，在校内校外都引起了较好的反响，学校以此培育出多项在校内外具有较大影响力的校园文化精品品牌。充分发掘学校历史资源，以"独秀"精神为依托，打造传承师大历史文脉的"独秀"校园文化品牌活动，加强以"独秀"精神为内核的学术文化精神建设及创新精神建设，构建"万众创新、大众创业"的校园文化氛围；加强以"乐群"文化为内核的校园志愿公益文化及实践活动建设，构建"厚生益众、知行合一"的校园文化氛围。此外，学校还设计了一批融入师大红色基因、红色故事的校园文化活动。

三、基于学生视角的新校区传承学校文化的效果分析

（一）调查对象样本分布

在广西 S 大学进行的问卷调查中，共发放问卷 200 份，回收有效问卷 194 份，调查对象样本分布如表 6 – 8 所示：

表 6 – 8　广西 S 大学调查对象样本分布情况统计

人口学变量	选项	频数	百分比/%
性别	男	42	21.65
	女	152	78.35
您目前的学习阶段	大一	15	7.73
	大二	63	32.47
	大三	47	24.23
	大四	27	13.92
	硕士研究生	42	21.65

续表

人口学变量	选项	频数	百分比/%
您所学专业类别	工科	19	9.79
	理科	41	21.13
	文科	115	59.28
	其他	19	9.80
您目前的住宿情况	长期住在新校区	178	91.75
	长期住在老校区	10	5.15
	新老校区都居住过	4	2.06
	长住在校外	2	1.03
您平时上课的主要校区	一直在老校区	7	3.61
	老校区较多，新校区较少	8	4.12
	老校区较少，新校区较多	7	3.61
	一直在新校区	172	88.66

从表6-8中我们可以看出，194名调查对象中女生人数远远多于男生，有152人，占78.35%；男生42人，占21.65%。调查对象分布于各个年级，大一、大二、大三、大四、硕士研究生分别有15、63、47、27、42人，分别占7.73%、32.47%、24.23%、13.92%、21.65%。调查对象中学习工科的人数有19人，占9.79%；理科41人，占21.13%；文科人数占调查对象的一半以上，有115人，占59.28%；医科1人，占0.52%；其他学科19人，占9.80%。住宿情况方面，长期住在新校区的有178人，占91.75%；长期住在老校区的有10人，占5.15%；新老校区都住过的有4人，占2.06%；常住校外的有2人，占1.03%。上课情况方面，一直在老校区上课的有7人，占3.61%；新老校区都上过课的共有15人，其中老校区较多、新校区较少上深的有8人，占4.12%，老校区较少、新校区较多上深的有7人，占3.61%；一直在新校区上课的有172人，占88.66%。

（二）广西S大学新校区学生对学校文化的认同状况

对广西S大学新校区学生校园文化认同情况的考察，依然从内容认知、情感认同和行为认同三个维度出发，通过对调查结果的数据处理，得出如下结论：

1. 广西S大学的学生对自己学校文化的认知和了解程度偏低

从表6-9中我们可以看出，广西S大学新校区学生对自己学校的校训、校风、学风和办学目标的了解相对较多，76.3%的学生表示能准确说出自己大学的校训，72.2%的学生表示了解自己学校的校风，71.1%的学生表示了解自己学校的学风，63.4%的学生表示了解自己大学倡导的价值观念，61.9%的学生表示了解自己大学的办学理念与目标。学生对自己大学的校史、校训、校徽等典型文化符号的内涵和学校的典型人物或事迹的了解则相对不足，仅有50.0%的学生表示能准确诠释自己大学校训的精神内涵，49.5%的学生表示会唱自己大学的校歌，47.9%的学生表示了解自己大学的基本校史，45.9%的学生表示知道自己大学校徽的含义，36.6%的学生表示对学校宣传的典型人物或事迹很熟悉。可见，广西S大学的学生对自己学校文化的认知和了解程度还有较大提升空间。

表6-9 广西S大学新校区学生对学校文化内容认知情况统计　　%

题项	完全同意	比较同意	不确定	不太同意	完全不同意
b1 我了解我们大学的基本校史	6.2	41.8	28.9	19.6	3.5
b2 我了解我们大学的办学理念与目标	10.3	51.5	26.3	8.8	3.1
b3 我了解我们大学的校风	16.5	55.7	19.6	6.2	2.0
b4 我了解我们大学的学风	16.0	55.2	20.6	6.1	2.1
b5 我了解我们大学倡导的价值观念	21.1	42.3	26.3	7.2	3.1
b6 我能准确说出我们大学的校训	52.1	24.2	12.9	7.2	3.6
b7 我可以准确地诠释我们大学校训的精神内涵	14.9	35.1	34.0	11.9	4.1

续表

题项	完全同意	比较同意	不确定	不太同意	完全不同意
b8 我知道我们大学校徽的含义	11.9	34.0	31.4	19.1	3.6
b9 我会唱我们大学的校歌	20.1	29.4	28.9	13.9	7.7
b10 我对学校宣传的典型人物或事迹很熟悉	10.3	26.3	37.6	21.1	4.7

2. 广西 S 大学六成以上新校区学生情感上比较认同学校的文化

从表 6-10 可知，79.9%的学生表示喜欢自己大学的校徽形象设计，78.9%的学生表示认同自己大学倡导的价值观念，76.8%的学生表示赞同自己大学的办学理念，73.2%学生表示喜欢自己大学的校歌，73.2%的学生表示为自己学校的历史文化底蕴感到自豪，67.0%的学生表示为自己能在现在的大学学习感到自豪。但依然有少部分学生对学校文化的情感认同度较低，33.0%的学生表示在现在的大学学习无法产生自豪感，26.8%的学生表示自己学校的历史文化底蕴无法让自己产生自豪感，26.8%的学生表示不喜欢自己大学的校歌，23.2%的学生表示不太赞同自己大学的办学理念，21.1%的学生表示不认同自己大学倡导的价值观念，20.1%的学生表示不喜欢自己大学的校徽形象设计。

表 6-10　广西 S 大学新校区学生对学校文化情感认同情况统计　　%

题项	完全同意	比较同意	不确定	不太同意	完全不同意
b11 我为我们学校的历史文化底蕴感到自豪	40.2	33.0	16.0	7.7	3.1
b12 我赞同我们大学的办学理念	27.8	49.0	17.5	3.6	2.1
b13 我认同我们大学倡导的价值观念	27.8	51.0	17.5	1.5	2.2
b14 我喜欢我们大学的校徽形象设计	31.4	48.5	14.4	4.1	1.6

续表

题项	完全同意	比较同意	不确定	不太同意	完全不同意
b15 我喜欢我们的校歌	30.4	42.8	19.1	4.6	3.1
b16 我为自己能在现在的大学学习感到自豪	26.8	40.2	18.6	10.8	3.6

3. 广西S大学新校区学生对学校文化的行为认同存在较大差异

从表6-11可知，90.2%的学生表示会主动维护大学的形象和声誉，84.5%的学生表示在学习中会主动遵守学校的管理规章制度，72.7%的学生表示在学习中会主动践行学风，68.0%的学生表示在学习中会主动践行校风。但仅有55.2%的学生表示在学习中会以学校宣传的典型人物为榜样激励自己，54.6%的学生表示会主动向他人介绍自己大学的历史与文化，44.3%的学生表示在学习中常用学校的校训引领自己，35.6%的学生表示在学习中常用校歌激励自己。可见，虽然广西S大学新校区六成以上的学生在学习生活中能主动遵守学校的管理规章制度，主动维护学校的形象和声誉，主动践行学校的学风和校风，对校歌、校训较为熟知，但在其行为内化方面还有待提高，校歌、校训蕴含的深厚内涵和精神内核在引导学生行为方面的作用还有较大的上升空间。

表6-11 广西S大学新校区学生对学校文化行为认同情况统计　　%

题项	完全同意	比较同意	不确定	不太同意	完全不同意
b17 在学习中我常用我校的校训引领自己	15.5	28.9	31.4	18.0	6.2
b18 在学习中我常用我校的校歌激励自己	13.4	22.2	30.9	24.2	9.3
b19 在学习中我会主动遵守我们学校的管理规章制度	49.0	35.6	10.8	3.1	1.5
b20 在学习中我会主动践行我们的校风	25.3	42.8	19.1	10.3	2.5

续表

题项	完全同意	比较同意	不确定	不太同意	完全不同意
b21 在学习中我会主动践行我们的学风	26.3	46.4	14.9	9.7	2.7
b22 在学习中我会以学校宣传的典型人物为榜样激励自己	16.0	39.2	24.2	16.5	4.1
b23 我会主动维护我们大学的形象和声誉	47.9	42.3	7.2	1.5	1.0
b24 我会主动向他人介绍我们大学的历史与文化	19.6	35.1	29.4	11.9	4.0

(三) 广西 S 大学新校区传承学校文化状况

1. 学校对在新校区传承学校文化的重视程度还可进一步提升

针对"我所在校领导对在新校区传承学校文化的重视程度"调查显示，19.6%的学生认为校领导非常重视，45.9%认为比较重视，合计65.5%；针对"我所在学校重视向学生开展学校文化教育"的调查显示，13.9%的学生认为非常重视，54.1%的学生认为比较重视，合计68.0%，22.2%的学生认为一般，9.8%的学生认为不重视。说明仅有部分学生认为学校比较重视在新校区进行学校文化传承，学校的重视程度还需进一步提升。

2. 学生对新校区传承学校文化的效果认可度偏低

针对"我所在大学的新校区对学校文化传承效果"的调查显示，7.2%的学生表示传承效果非常好，52.1%的学生表示比较好，合计59.3%；还有36.6%的学生表示效果一般，4.1%的学生表示效果不好。对传承效果的具体调查结果显示（表6-12），63.9%的学生表示自己能在大学的新校区感受到学校的办学特色，59.8%的学生表示自己能在大学新校区感受到学校文化潜移默化的影响，59.3%的学生表示自己能在大学的新校区领悟到学校的光荣历史。说明尽管学校为传承文化采取了不少措施，但学生感受到的传承效果还是有些偏低。

表6-12 广西S大学新校区校园文化传承效果统计　　　　%

题项	完全同意	比较同意	不确定	不太同意	完全不同意
b38 我能在我们大学新校区感受到学校文化潜移默化的影响	17.0	42.8	27.3	10.8	2.1
b39 我能在我们大学的新校区领悟到学校的光荣历史	14.9	44.3	25.3	14.9	0.5
b40 我能在我们大学的新校区感受到学校的办学特色	13.9	50.0	27.3	7.7	1.0

3. 在新校区传承学校文化过程中，学校能调动多元主体参与，但发挥的作用存在较大差异

基于学生立场，表6-13调查了校领导、学校职能部门领导、各二级学院领导、学校知名教授或教师、广大普通教师、学生和校友这些主体在学校文化传承中的作用发挥情况，仅有61.8%的学生认为校领导发挥了积极作用，61.9%的学生认为学校职能部门领导发挥了积极作用，63.4%的学生认为各二级学院领导发挥了积极作用，67.0%的学生认为学校的知名教授或优秀教师发挥了积极作用，59.8%的学生认为广大普通教师发挥了积极作用，59.3%的学生认为广大学生发挥了积极作用。

除了发挥多元传承主体的参与作用外，学校在新校区传承学校文化的过程中，还需要注重听取师生和校友的意见。调查显示，57.7%的广西S大学学生认为自己所在大学在新校区校园文化建设过程中会听取和吸收教师们的意见，50.0%的学生认为会听取和吸收学生们的意见，45.4%的学生认为会听取和吸收校友们的意见，说明广西S大学新校区在传承学校文化的过程中，广大师生和校友的参与度不太高。

表6-13　广西S大学新校区多元主体参与学校文化传承情况统计　　%

题项	完全同意	比较同意	不确定	不太同意	完全不同意
b27 我校新校区在传承学校文化的过程中，校领导发挥了积极作用	14.9	46.9	32.0	4.6	1.6
b28 我校新校区在传承学校文化的过程中，学校职能部门领导发挥了积极作用	15.5	46.4	32.5	5.1	0.5
b29 我校新校区在传承学校文化的过程中，各二级学院领导发挥了积极作用	17.0	46.4	29.9	6.2	0.5
b30 我校新校区在传承学校文化的过程中，学校的知名教授或优秀教师发挥了积极作用	17.0	50.0	28.4	4.6	0
b31 我校新校区在传承学校文化的过程中，广大普通教师发挥了积极作用	14.4	45.4	33.0	6.7	0.5
b32 我校新校区在传承学校文化的过程中，广大学生发挥了积极作用	15.5	43.8	30.9	9.3	0.5
b41 我所在大学在新校区校园文化建设过程中会听取和吸收教师们的意见	17.5	40.2	37.1	3.6	1.6
b42 我所在大学在新校区校园文化建设过程中会听取和吸收学生们的意见	12.9	37.1	36.1	9.3	4.6

续表

题项	完全同意	比较同意	不确定	不太同意	完全不同意
b43 我所在大学在新校区校园文化建设过程中会听取和吸收校友们的意见	13.4	32.0	48.5	4.1	2.0

4. 新校区校园建筑、道路等物质载体在传承学校文化中发挥了一定的作用

从表6-14可知，70.6%的广西S大学学生认为自己能在大学新校区的校园建筑名称中感受到学校的文化，70.1%的学生认为自己能在大学新校区的道路名称中感受到学校的文化，77.8%的学生认为自己能在大学新校区的校园人文景观（如校园雕塑）中感受到学校的文化，62.9%的学生认为自己能在大学新校区举办的校园活动中感受到学校的文化。可见，广西S大学新校区借助校园建筑、道路、雕塑等物质载体传承学校文化的做法发挥了一定的作用，学生能够从校园建筑、道路、楼宇、人文景观和校园活动中感受到学校的文化，但还有较大的提升空间。

表6-14　广西S大学新校区校园文化传承载体情况统计　　　　%

题项	完全同意	比较同意	不确定	不太同意	完全不同意
b34 我能在大学新校区的校园建筑名称中感受到学校的文化	19.1	51.5	19.6	8.8	1.0
b35 我能在大学新校区的道路名称中感受到学校的文化	18.6	51.5	19.1	9.8	1.0
b36 我能在大学新校区的校园人文景观（如校园雕塑）中感受到学校的文化	21.6	56.2	14.9	6.2	1.1
b37 我能在大学新校区举办的校园活动中感受到学校的文化	14.9	47.9	22.7	12.4	2.1

第三节　延伸型新校区传承学校文化的案例分析

一、湖北 H 大学简介

湖北 H 大学坐落于湖北省武汉市，是湖北省政府与教育部共建的省属重点综合性大学。前身湖北省立教育学院成立于 1931 年，此后历经国立湖北师范学院、湖北省教育学院、湖北省教师进修学院、湖北师范专科学校、武汉师范专科学校和武汉师范学院等时期，六易校址，八更校名，1984 年 8 月由武汉师范学院正式更名为湖北 H 大学。学校有哲、经、法、教、文、史、理、工、农、医、管、艺 12 个学科门类，设有 23 个学科性学院、87 个本科专业、9 个博士学位授权一级学科、6 个博士后科研流动站、31 个硕士学位授权一级学科、21 个硕士专业学位授权类别，材料科学、化学和工程学三个学科进入 ESI 学科排名全球前 1%。学校现有教师 1 500 余人，其中正、副教授 900 余人，博士生导师 230 人，硕士生导师 926 人；各级各类高层次人才 417 人（次），其中国家级人才 69 人（次）、省市级人才 348 人（次）；在校普通全日制本科生 1.9 万余人，博士、硕士研究生 9 500 余人①。

湖北 H 大学有武昌校区、阳逻校区和汉口校区三个校区，其中阳逻校区是学校为满足发展需要，以向外延伸的方式，在武汉市新洲区阳逻开发区新建的校区。湖北 H 大学阳逻校区成立于 2011 年，又名通识教育学院，占地面积 164 亩②，有一座教学行政综合楼和三座学生宿舍楼，全面负责公共管理学院、历史文化学院、教育学院、数计学院等六个文科学院和一个理科学院的教学工作。学院的学生均为大一新生，在学院接受一年的通识教育，大二集体回到学校本部进行学习。学校从 2012 年开始，逐年增加资金投入，完善学院物质条件，为学生营造出高雅、舒适的学习和生活环境。学院成立时间虽然短暂，但形成了自身特点，开辟了独特的人才培养体系，为通识教育的发展提供了新标杆。

---

① 资料来源：http：//www.hubu.edu.cn，数据截至 2022 年 6 月。
② 1 亩 = 666.67 平方米。

二、湖北 H 大学新校区传承学校文化的做法

作为湖北 H 大学教育教学改革的试验田，通识教育学院秉承学校"日思日睿、笃志笃行"的校训和"自强不息、克难奋进"的精神，凝练出"人格塑造、知识学习、能力锻炼"的通识教育核心理念。在此背景下，学院积极探索新的人才培养模式，尤其是在文化建设方面，力争实现校园文化和通识教育的融合发展，增强文化育人作用。具体而言，主要做了以下工作：

1. 加强物质环境建设，筑牢校园文化基础

校园文化建设的基础是物质文化建设，阳逻校区占地只有 164 亩，相对于其他学校的新校区而言，面积较小，因此学院在物质文化建设方面更加注重内涵，不追求校区校舍的奢华，而是在教学资源上加大投入。学校自 2012 年开始，逐渐增加资金投入，完善新校区硬件设施，学院图书馆藏书、计算机、多媒体教室的人均占有率高于一般高校，同时建有舞蹈房、健身房等娱乐设施，满足学生的娱乐需要。学院在物质文化建设中，不断强化通识教育理念，为学生创造出了高雅、舒适、温馨的学习生活环境，同时，由于远离市中心，学生学习较少受到外界干扰，形成了安静祥和、便于学习、书香浓厚的校园文化环境。在这种校园环境中，学院"人格塑造、知识学习、能力锻炼"的通识教育理念正在深入人心。

2. 凝聚通识特色，传承校园文化精髓

校园精神文化是大学校园文化的核心，通识教育学院在校园文化建设中，以"日思日睿、笃志笃行"的校训和"自强不息、克难奋进"的精神为核心加以传承，并且结合通识教育自身特点，在学院形成了学生自我养成教育文化和住宿学习共同体文化。

学生自我养成教育文化旨在使学生不断觉醒自我意识，增强自我管理，实现自我发展，充分挖掘学生的自主性、能动性和创造性，助推学生独立人格的养成。觉醒自我意识即深挖学生的自主性，调动学生对自我价值的探索，帮助其养成健全人格和社会责任感，成为一个合格公民，这也正是通识教育塑造健全人格理念的体现。增强自我管

理是学生养成自律习惯的重要一环,要求调动学生的能动性,以内在的规范约束自己的言行,使学生在人际交往和社团活动中正确处理好各种关系,实现良性参与和互动。实现自我发展是自育文化的最终目标,要求学生在生活和学习中树立远大理想和高尚追求,不断实践,敢于创新,在学业和能力锻炼上都取得较大成果,最终实现人生理想和自我价值。

住宿学习共同体文化以学院的"习苑制度"和辅导员住校制度为基础。习苑制度是学院在育人实践中的一次积极尝试,现在有润德苑、立学苑、思齐苑等共计13个习苑,每个习苑都代表着一种价值追求,寄托着学院对学生的殷切希望。如思齐苑出自《论语》中的"见贤思齐,见不贤而内自省也",意思是看到贤良的人要向他学习,希望能和他一样,见到不贤的人就要思考自己是否和他有一样的缺点,可以看出思齐苑强调学生在学习和生活中要向榜样学习,增强自身修养。学生从进校就被分配到各个习苑,习苑不以专业为划分界限,一个习苑可能汇聚了好几个不同专业的学生,习苑是班级之外学生活动的重要集体,增强了不同专业学生之间的交流。同时各个习苑配备了专职辅导员和班主任进行学生管理,学院要求辅导员住在新校区,这与很多新校区教师住在校外不同,增加了师生之间沟通交流的机会,为辅导员了解学生思想动态和生活状况提供了便利。辅导员在和学生长期相处过程中传达出的学校价值理念和追求,在潜移默化中影响着刚入学的大一新生,促使他们认同校园文化,并在学习和生活中主动践行。这种辅导员和学生同住一栋楼的管理模式,正在越来越多的大学中实行。

3. 以人为本,规范制度建设

制度建设在新校区校园文化建设和保障学院有序运行方面起着至关重要的作用。学院在新校区制度文化建设方面,坚持以人为本,建立起了较为完善的制度体系,特别是在学生管理方面,凝练出了以"严格管理、贴心服务"为主要特征的"深、实、细、严"的学生工作管理制度。深,就是深入宿舍和课堂,辅导员每晚都会查寝,经常查课,督促学生养成良好的学习和生活习惯;实,就是将听课、访谈、请消假等制度落到实处,严格执行学院规章制度;细,就是事无巨细,学生的事无小事,积极主动帮助学生解决学习和生活上的难题;严,就是从严管理,对学生高标准严要求，引导学生自立自强。以上措施的实行在新校区营造了良好的校风、学风和班风，特别是对于自律性较差的学生，有效防止了他们一入大学就放松对自身要求，避免荒废学业。经过在通识教育学院一年的学习，学生有效地完成了从高中到大学的转变，在知识学习和能力锻造方面都有了极大的提高，特别是良好学风的养成，为大二进入本部进行专业学习奠定了坚实的基础。

4. 以特色活动传承校园文化

校园文化活动是传承校园文化的重要载体，学生在活动过程中可以得到锻炼和提升，是其实现自我管理和自我发展的重要途径。学院精心打造了"问津大讲堂"、经典读书节等校园精品活动，以社会主义核心价值观为引领，融入学院"人格塑造、知识学习、能力锻炼"的办学理念，旨在提高学生的听说读写能力。多种多样的活动扩大了学生的参与面，提升了学生参与活动的积极性，每个学生都有得到锻炼的平台，并且有些活动是校区联合举办，新老校区学生共同参与，增进了新校区学生与本部学生的沟通交流，有利于发挥高年级学生对新生"帮、传、带"的作用，促进新老校区校园文化的传承。以"问津大讲堂"为例，该活动是自学院成立以来就开展的品牌活动，每年一届，主要是让学生以主讲人的身份进行知识分享。学生根据自己的兴趣选择研究主题，尝试写出研究报告，并且以演讲的形式进行分享，极大激发了学生自主学习和探索式学习的意识，提升了学生的综合素质，这也正是湖北 H 大学"日思日睿、笃志笃行"校训精神的完美展现。

三、基于学生视角的新校区传承学校文化的效果分析

(一) 调查对象样本分布

湖北 H 大学新校区仅有大一新生，大二开始进入校本部学习，因此笔者在确定调查对象时，选取了阳逻校区的大一新生及在阳逻校区学习过后进入校本部的学生，共计发放问卷 200 份，回收有效问卷 190 份，具体样本分布如表 6-15 所示。

表6-15 湖北H大学调查对象样本分布情况统计

人口学变量	选项	频数	百分比/%
性别	男	48	25.26
	女	142	74.74
您目前的学习阶段	大一	93	48.95
	大二	30	15.79
	大三	43	22.63
	大四	24	12.63
您所学专业类别	理科	86	45.26
	文科	104	54.74
您目前的住宿情况	长期住在新校区	93	48.95
	新老校区都居住过	95	50
	长住在校外	2	1.05
您平时上课的主要校区	老校区较多，新校区较少	97	51.05
	一直在新校区	93	48.95

从表6-15中我们可以看出，190名调查对象中有男生48人，占25.26%，女生147人，占74.74%，女生人数远多于男生。调查对象的学习阶段全部为本科，其中大一学生93人，占48.95%；大二学生30人，占15.79%；大三学生43人，占22.63%；大四学生24人，占12.63%。调查对象中理科人数有86人，占45.26%；文科有104人，占54.74%。长期住在新校区的有93人，占48.95%；新老校区都居住过的有95人，占50%；长期住在校外的有2人，占1.05%。在新老校区都上过课的有97人，占51.05%；一直在新校区上课的有93人，占48.95%，全部都是大一的学生。

（二）湖北H大学新校区学生对学校文化的认同状况

对湖北H大学新校区学生校园文化认同情况的考察，依然从内容认知、情感认同和行为认为三个维度出发，通过对调查结果的数据处理，得出如下结论：

1. 湖北 H 大学的学生对自己学校文化的认知和了解程度一般

从表 6-16 中我们可以看出，湖北 H 大学新校区学生对自己学校的文化有一定程度的了解，80.5% 的学生表示能准确说出自己大学的校训，78.4% 的学生表示了解自己大学的办学理念与目标，76.3% 的学生表示了解自己学校的校风，75.8% 的学生表示了解自己学校的学风，73.7% 的学生表示了解自己大学倡导的价值观念，67.4% 的学生表示会唱自己大学的校歌。但学生对自己大学的校史、校训、校徽等典型文化符号的内涵和学校的典型人物或事迹了解相对不足，仅有 53.2% 的学生表示了解自己大学的基本校史，49.5% 的学生表示能准确诠释自己大学校训的精神内涵，42.1% 的学生表示知道自己大学校徽的含义，41.6% 的学生表示对学校宣传的典型人物或事迹很熟悉。可见，湖北 H 大学的学生对自己学校文化内容符号内涵的了解还有较大提升空间。

表 6-16　湖北 H 大学新校区学生对学校文化内容认知情况统计　　%

题项	完全同意	比较同意	不确定	不太同意	完全不同意
b1 我了解我们大学的基本校史	9.5	43.7	26.3	16.8	3.7
b2 我了解我们大学的办学理念与目标	14.7	63.7	12.1	6.8	2.7
b3 我了解我们大学的校风	14.7	61.6	16.8	5.3	1.6
b4 我了解我们大学的学风	13.2	62.6	17.4	5.8	1.0
b5 我了解我们大学倡导的价值观念	17.9	55.8	18.4	6.8	1.1
b6 我能准确说出我们大学的校训	41.1	39.5	9.5	7.4	2.5
b7 我可以准确地诠释我们大学校训的精神内涵	13.2	36.3	37.9	9.5	3.1
b8 我知道我们大学校徽的含义	12.1	30.0	37.9	13.2	6.8

续表

题项	完全同意	比较同意	不确定	不太同意	完全不同意
b9 我会唱我们大学的校歌	31.1	36.3	16.3	12.6	3.7
b10 我对学校宣传的典型人物或事迹很熟悉	10.5	31.1	40.0	13.2	5.3

2. 湖北H大学七成以上新校区学生情感上比较认同学校的文化

从表6-17可知，82.1%的学生表示认同自己大学倡导的价值观念，81.6%的学生表示赞同自己大学的办学理念，79.5%的学生表示喜欢自己大学的校徽形象设计，74.7%学生表示喜欢自己大学的校歌，72.6%的学生表示为自己学校的历史文化底蕴感到自豪，70.5%的学生表示为自己能在现在的大学学习感到自豪。但依然有少部分学生对学校文化的情感认同度较低，29.5%的学生表示在现在的大学学习无法产生自豪感，27.4%的学生表示自己学校的历史文化底蕴无法让自己产生自豪感，24.3%的学生表示不喜欢自己大学的校歌，20.5%的学生表示不喜欢自己大学的校徽形象设计，19.4%的学生表示不太赞同自己大学的办学理念，17.9%的学生表示不认同自己大学倡导的价值观念。

表6-17 湖北H大学新校区学生对学校文化情感认同情况统计　%

题项	完全同意	比较同意	不确定	不太同意	完全不同意
b11 我为我们学校的历史文化底蕴感到自豪	27.4	45.3	20.0	4.2	3.1
b12 我赞同我们大学的办学理念	25.3	56.3	14.7	2.1	1.6
b13 我认同我们大学倡导的价值观念	26.8	55.3	15.3	2.1	0.5
b14 我喜欢我们大学的校徽形象设计	29.5	50.0	15.8	4.2	0.5
b15 我喜欢我们的校歌	28.9	45.8	15.3	8.4	1.6

续表

题项	完全同意	比较同意	不确定	不太同意	完全不同意
b16 我为自己能在现在的大学学习感到自豪	24.2	46.3	22.1	6.3	1.1

3. 湖北 H 大学新校区学生对学校文化的行为认同存在较大差异

从表 6-18 可知，93.2%的学生表示会主动维护大学的形象和声誉，91.1%的学生表示在学习中会主动遵守学校的管理规章制度，85.3%的学生表示在学习中会主动践行学风，84.2%的学生表示在学习中会主动践行校风。但仅有 60.0%的学生表示在学习中会以学校宣传的典型人物为榜样激励自己，58.4%的学生表示会主动向他人介绍自己大学的历史与文化，49.5%的学生表示在学习中常用学校的校训引领自己，45.3%的学生表示在学习中常用校歌激励自己。可见，虽然湖北 H 大学新校区六成以上的学生在学习生活中能主动遵守学校的管理规章制度，主动维护学校的形象和声誉，主动践行学校的学风和校风，对校歌、校训较为熟知，但在其行为内化方面还有待提高，校歌、校训蕴含的深厚内涵和精神内核在引导学生行为方面的作用还有较大的上升空间。

表 6-18 湖北 H 大学新校区学生对学校文化行为认同情况统计 %

题项	完全同意	比较同意	不确定	不太同意	完全不同意
b17 在学习中我常用我校的校训引领自己	13.2	36.3	35.8	10.5	4.2
b18 在学习中我常用我校的校歌激励自己	13.2	32.1	33.2	17.9	3.6
b19 在学习中我会主动遵守我们学校的管理规章制度	40.0	51.1	6.8	1.1	1.0
b20 在学习中我会主动践行我校的校风	26.3	57.9	12.6	2.1	1.1

续表

题项	完全同意	比较同意	不确定	不太同意	完全不同意
b21 在学习中我会主动践行我校的学风	25.3	60.0	12.1	1.6	1.0
b22 在学习中我会以学校宣传的典型人物为榜样激励自己	22.1	37.9	25.8	11.6	2.6
b23 我会主动维护学校的形象和声誉	45.3	47.9	5.3	1.5	0
b24 我会主动向他人介绍我们大学的历史与文化	18.9	39.5	24.7	14.2	2.7

（三）湖北 H 大学新校区传承学校文化状况

1. 学生认为学校比较重视在新校区传承学校文化

针对"我所在校领导对在新校区传承学校文化的重视程度"调查显示，18.9%的学生认为校领导非常重视，54.7%认为比较重视，合计73.6%；针对"我所在学校重视向学生开展学校文化教育"的调查显示，14.7%的学生认为非常重视，55.3%的学生认为比较重视，合计70.0%，24.2%的学生认为一般，5.8%的学生认为不重视。说明七成以上学生认为学校比较重视在新校区进行学校文化传承。

2. 学生对新校区传承学校文化的效果认可度一般

针对"我所在大学的新校区对学校文化传承效果"的调查显示，12.6%的学生表示传承效果非常好，55.8%的学生表示比较好，合计68.4%；还有26.3%的学生表示效果一般，5.3%的学生表示效果不好。对传承效果的具体调查结果显示（表6-19），72.1%的学生表示自己能在大学的新校区感受到学校的办学特色，67.9%的学生表示自己能在大学新校区感受到学校文化潜移默化的影响，61.0%的学生表示自己能在大学的新校区领悟到学校的光荣历史。说明尽管学校为传承文化采取了不少措施，但学生感受到的传承效果一般。

表 6-19　湖北 H 大学新校区校园文化传承效果统计　　　　%

题项	完全同意	比较同意	不确定	不太同意	完全不同意
b38 我能在我们大学新校区感受到学校文化潜移默化的影响	16.3	51.6	22.6	8.4	1.1
b39 我能在我们大学的新校区领悟到学校的光荣历史	16.3	44.7	21.6	16.8	0.6
b40 我能在我们大学的新校区感受到学校的办学特色	18.4	53.7	16.3	10.5	1.1

3. 多元主体虽然能参与新校区对学校文化的传承，但是发挥的作用需进一步加强

基于学生立场，表 6-20 调查了校领导、学校职能部门领导、各二级学院领导、学校知名教授或教师、广大普通教师、学生和校友这些主体在学校文化传承中的作用发挥情况，仅有 62.6% 的学生认为校领导发挥了积极作用，62.1% 的学生认为学校职能部门领导发挥了积极作用，58.9% 的学生认为各二级学院领导发挥了积极作用，60.0% 的学生认为学校的知名教授或优秀教师发挥了积极作用，60.5% 的学生认为广大普通教师发挥了积极作用，63.2% 的学生认为广大学生发挥了积极作用。

除了发挥多元传承主体的参与作用外，学校在新校区传承学校文化的过程中，还需要注重听取师生和校友的意见。调查显示，63.1% 的湖北 H 大学学生认为自己所在大学在新校区校园文化建设过程中会听取和吸收教师们的意见，50.0% 的学生认为会听取和吸收学生们的意见，49.5% 的学生认为会听取和吸收校友们的意见，说明湖北 H 大学新校区在传承学校文化的过程中，广大师生和校友的参与度不太高。

表6-20 湖北H大学新校区多元主体参与学校文化传承情况统计　%

题项	完全同意	比较同意	不确定	不太同意	完全不同意
b27 我校新校区在传承学校文化的过程中，校领导发挥了积极作用	11.6	51.1	31.1	6.3	0
b28 我校新校区在传承学校文化的过程中，学校职能部门领导发挥了积极作用	13.2	48.9	32.6	5.3	0
b29 我校新校区在传承学校文化的过程中，各二级学院领导发挥了积极作用	11.6	47.4	32.6	8.4	0
b30 我校新校区在传承学校文化的过程中，学校的知名教授或优秀教师发挥了积极作用	15.8	44.2	36.3	3.7	0
b31 我校新校区在传承学校文化的过程中，广大普通教师发挥了积极作用	14.2	46.3	35.3	4.2	0
b32 我校新校区在传承学校文化的过程中，广大学生发挥了积极作用	15.8	47.4	30.0	5.3	1.5
b41 我所在大学在新校区校园文化建设过程中会听取和吸收教师们的意见	14.2	48.9	31.6	5.3	0
b42 我所在大学在新校区校园文化建设过程中会听取和吸收学生们的意见	12.6	37.4	32.6	15.8	1.6

续表

题项	完全同意	比较同意	不确定	不太同意	完全不同意
b43 我所在大学在新校区校园文化建设过程中会听取和吸收校友们的意见	10.0	39.5	40.5	7.9	2.1

4. 新校区校园建筑、道路等物质载体在传承学校文化中发挥了一定的作用

从表6-21可知，63.1%的湖北H大学的学生认为自己能在大学新校区的校园建筑名称中感受到学校的文化，67.4%的学生认为自己能在大学新校区的道路名称中感受到学校的文化，72.2%的学生认为自己能在大学新校区的校园人文景观（如校园雕塑）中感受到学校的文化，69.5%的学生认为自己能在大学新校区举办的校园活动中感受到学校的文化。可见，湖北H大学新校区借助校园建筑、道路、雕塑等物质载体传承学校文化的做法发挥了一定的作用，学生能够从校园建筑、道路、楼宇、人文景观和校园活动中感受到学校的文化，但还有较大的提升空间。

表6-21 湖北H大学新校区校园文化传承载体情况统计　　　　　%

题项	完全同意	比较同意	不确定	不太同意	完全不同意
b34 我能在大学新校区的校园建筑名称中感受到学校的文化	14.2	48.9	27.9	8.4	0.6
b35 我能在大学新校区的道路名称中感受到学校的文化	21.1	46.3	21.6	9.5	1.5
b36 我能在大学新校区的校园人文景观（如校园雕塑）中感受到学校的文化	21.1	51.1	17.9	8.4	1.5
b37 我能在大学新校区举办的校园活动中感受到学校的文化	13.2	56.3	22.1	7.9	0.5

第四节　大学新校区传承学校文化存在的共性问题

通过以上对三种类型新校区校园文化传承的案例分析发现，中国 J 大学、广西 S 大学、湖北 H 大学三所高校的新校区在传承学校文化方面取得了一定的成效，形成了各具特色的经验，除了在传承效果方面存在一定差异之外，也面临着一些共性问题，主要表现如下：

1. 学生对校史和校训、校徽等学校典型文化符号的内涵了解不足

通过对三所学校的调查可知（表6-22），学生对自己大学的校史和校训、校徽等典型文化符号的内涵了解相对不足，如中国 J 大学仅有 59.1% 的学生了解自己学校的校史，52.5 的学生表示知道自己大学校徽的含义，36.4% 的学生表示不能准确诠释自己大学校训的精神内涵；广西 S 大学仅有 50.0 的学生表示能准确诠释自己大学校训的精神内涵，49.5% 的学生表示会唱自己大学的校歌，47.9% 的学生表示了解自己大学的基本校史，45.9% 的学生表示知道自己大学校徽的含义；湖北 H 大学仅有 53.2% 的学生表示了解自己大学的基本校史，49.5% 的学生表示能准确诠释自己大学校训的精神内涵，42.1% 的学生表示知道自己大学校徽的含义，41.6% 的学生表示对学校宣传的典型人物或事迹很熟悉。

表 6-22　学生对学校文化内容认知状况统计　　　　　%

学校	题项	完全同意	比较同意	不确定	不太同意	完全不同意
中国 J 大学	我了解我们大学的基本校史	13.1	46.0	24.2	13.1	3.6
	我知道我们大学校徽的含义	18.2	34.3	29.3	14.1	4.0
	我对学校宣传的典型人物或事迹很熟悉	13.6	41.9	27.3	13.6	3.5
广西 S 大学	我了解我们大学的基本校史	6.2	41.8	28.9	19.6	3.5
	我知道我们大学校徽的含义	11.9	34.0	31.4	19.1	3.6

续表

学校	题项	完全同意	比较同意	不确定	不太同意	完全不同意
广西 S 大学	我对学校宣传的典型人物或事迹很熟悉	10.3	26.3	37.6	21.1	4.7
湖北 H 大学	我了解我们大学的基本校史	9.5	43.7	26.3	16.8	3.7
	我知道我们大学校徽的含义	12.1	30.0	37.9	13.2	6.8
	我对学校宣传的典型人物或事迹很熟悉	10.5	31.1	40.0	13.2	5.3

学校文化是各高校历史传统的积淀、承载着大学精神，是学校在历史实践中所创造的物质财富和精神财富的总和。校史在校园文化传承中起着十分重要的作用，校史中所展示出来的理想信念、大家风范、传达的教师训诫、记录的校友故事，凝聚着校园精神，是大学优秀文化的集合，是文化育人的活水，新校区校园文化传承不应只是校训、校歌这些较为容易传承的内容，也要加强对校史文化、校徽含义、典型人物和事迹的挖掘与宣传，不断丰富传承内容。

2. 多元传承主体的作用发挥不充分，师生参与度不足

学校文化传承主体涉及校领导、学校职能部门领导、二级学院领导、学校知名教授、广大普通师生和校友等，其中，师生既是学校文化传承的主体，也是学校文化传承的重要客体，因人数众多、受众面广、影响深远，更应在学校文化传承中发挥更大的作用。但是调查结果显示，三所高校的校领导、学校职能部门领导、各二级学院领导等多元主体虽能参与学校文化的传承，但作用还需要进一步发挥。

如（表 6-13）所示，广西 S 大学仅有 61.8% 的学生认为校领导在新校区传承学校文化的过程中发挥了积极作用，61.9% 的学生认为学校职能部门领导发挥了积极作用，63.4% 的学生认为各二级学院领导发挥了积极作用，67.0% 的学生认为学校的知名教授或优秀教师发挥了积极作用，59.8% 的学生认为广大普通教师发挥了积极作用，59.3% 的学生认为广大学生发挥了积极作用；57.7% 的学生认为自己所在大学在新校区校园文化

建设过程中会听取和吸收教师们的意见，50.0%的学生认为会听取和吸收学生们的意见，45.4%的学生认为会听取和吸收校友们的意见。

针对湖北H大学的调查结果显示（表6-20），仅有62.6%的学生认为校领导在新校区传承学校文化的过程中发挥了积极作用，62.1%的认为学校职能部门领导发挥了积极作用，58.9%的学生认为各二级学院领导发挥了积极作用，60.0%的学生认为学校的知名教授或优秀教师发挥了积极作用，60.5%的学生认为广大普通教师发挥了积极作用，63.2%的学生认为广大学生发挥了积极作用；63.1%的学生认为自己所在大学在新校区校园文化建设过程中会听取和吸收教师们的意见，50.0%的学生认为会听取和吸收学生们的意见，49.5%的学生认为会听取和吸收校友们的意见。

针对中国J大学的调查结果显示（表6-6），仅有78.3%的学生认为校领导在新校区传承学校文化的过程中发挥了积极作用，75.7%的学生认为学校职能部门领导发挥了积极作用，77.8%的学生认为各二级学院领导发挥了积极作用，77.8%的学生认为学校的知名教授或优秀教师发挥了积极作用，80.3%的学生认为广大普通教师发挥了积极作用，78.8%的学生认为广大学生发挥了积极作用；78.3%的学生认为自己所在大学在新校区校园文化建设过程中会听取和吸收教师们的意见，76.3%的学生认为会听取和吸收学生们的意见，78.3%的学生认为会听取和吸收校友们的意见。

由上述统计分析可知，无论是学校领导，还是学院及职能部门领导以及广大师生，作为传承主体虽能参与学校文化传承，但其作用发挥还不充分；学校在新校区校园文化建设过程中容易忽视师生和校友的意见，导致师生间交流受阻，校园的生机与活力不足。

3. 传承载体底蕴不足，建筑特色不鲜明

校园物质文化是校园文化的重要载体，包括校园环境和各类教学设施，如教学楼、图书馆、宿舍楼等。苏联著名教育家苏霍姆林斯基说过，我们的教育应当让学校的每面墙壁都开口说话。在新校区对学校文化的传承过程中，如何结合新校区特点，将学校文化依托物质载体有效传承或嫁接到新校区中去，使老校区的文化韵味能在新校区延续，是新校区校园文化建设的重要内容。从表6-7、表6-14和表6-21可知，三所学校依托物质载体进行文化传承的做法都取得了一定的成效，但存在较大的校际差异。82.8%的中国J大学的学生认为自己能在大学新校区的校园建筑名称中感受到学校的文化，82.8%的学生认为自己能在大学新校区的道路名称中感受到学校的文化，80.8%的学生认为自己能在大学新校区的校园人文景观（如校园雕塑）中感受到学校的文化，79.8%的学生认为自己能在大学新校区举办的校园活动中感受到学校的文化；70.6%的广西S大学的学生认为自己能在大学新校区的校园建筑名称中感受到学校的文化，70.1%的学生认为自己能在大学新校区的道路名称中感受到学校的文化，77.8%的学生认为自己能在大学新校区的校园人文景观（如校园雕塑）中感受到学校的文化，62.9%的学生认为自己能在大学新校区举办的校园活动中感受到学校的文化；63.2%的湖北H大学的学生认为自己能在大学新校区的校园建筑名称中感受到学校的文化，67.4%的学生认为自己能在大学新校区的道路名称中感受到学校的文化，72.1%的学生认为自己能在大学新校区的校园人文景观（如校园雕塑）中感受到学校的文化，69.5%的学生认为自己能在大学新校区举办的校园活动中感受到学校的文化。

笔者在实地考察中发现，有的学校虽然已经意识到了新校区传承学校文化的重要性，也尝试在新校区营造良好的文化环境，于是将老校区一些有代表性的建筑移植到了新校区，或者选取校史上的名师大家树立了雕塑像，但有些雕塑分布零散，没有形成具有鲜明主题的文化景观群落，没有兼顾周围的环境布局与建筑风格，没有将大学的校史故事内化其中，有些新校区的学生很难在新校区的建筑、道路、楼宇和各类活动中感受到学校的文化。此外，新校区在耸立的新楼外，缺少体现学校文化传统的文化长廊、雕塑等各类人文景观，以湖北H大学新校区为例，其教学楼、实验楼、宿舍楼仅用阿拉伯数字加以区分。

因此，虽然三所学校都意识到利用各种物质载体来传承学校文化的重要性，也采取了一些实际措施，但有些传承载体缺乏深刻的文化内涵和教育价值，道路、楼宇、建筑、校园活动等的文化底蕴还略显单薄，校园建筑的特色不够鲜明，校园活动的文化层次有待提升。

4. 传承方式相对单一，创新性有待提升

新校区对学校文化的传承应将物化传承与师生活动传承相结合，综合运用校史宣扬法、名师示范法、事迹激励法、活动凝聚法、品牌培育法、课堂浸润法等多种方法，协调配合，才能取得理想的传承效果。笔者在实地调研中发现，有些高校新校区在学校文化传承方法的选择上相对单一，比较重视活动凝聚法和品牌培育法的使用，有时容易将学校文化等同于举办校园文化活动，简单化地以为仅仅依靠办一些校园活动、培育几个文化品牌，就能有效地传承校园文化，而相对忽视了校史、名师、典型事迹和文化仪式在学校文化传承中的作用。校史宣传可以让学生感受到学校的发展历程和光荣历史；开学典礼、毕业典礼、组织参观校史馆等仪式活动可以让校园精神深入人心；学术活动和文体艺术活动可以活跃校园气氛，加强文化氛围；各种先进事迹可以感召学生爱校荣校的情感；各类社会实践和志愿者活动可以培养学生的服务意识和社会责任意识，促进校园文化与社会文化的交流。因此，校园文化的传承应该是多种方式方法的共同使用，不应该是一两种方法的重复使用。

第七章 大学新校区传承学校文化的机制与推进策略

学校文化其实是一种组织文化,是一种整合性较强的文化,是经过深厚积淀而逐渐形成的,为全体师生所共认、共享的文化,大学要在新校区传承学校文化。通常离不开完备的文化传承机制。

第一节 大学新校区传承学校文化机制的构建

一、大学新老校区学校文化传承机制构建的理论基础

1. 文化分层理论

文化分层理论是将同一种文化分为不同的层次,最早的分法是将其分为两层:一层是可见的"典型"层次,例如行为方式或文化周边产品等;另一层是不可见的"核心"层次,主要包括价值观等内容。霍夫斯泰德对文化分层理论有更通俗的模型解析,他将某一文化比喻成一个洋葱①,最外表的一层是象征物,如肉眼可见的建筑、服饰等;第二层是英雄人物性格,在同一文化内,英雄人物性格可以代表很多人类似的性格;第三层是礼仪,主要是对人对事的处理方式;最内层是价值观,是文化的精髓和基石,引导人们明辨是非、惩恶扬善。思宾塞-奥蒂后来将文化洋葱模型予以完善,更为学界所认同。她认为文化从内到外的层次分别是核心层、体制和制度层、仪式和行为层、人工制品和产品层,核心层主要是文化的基

---
①霍夫斯泰德. 跨越合作的障碍——多元文化与管理[M]. 北京:科学出版社. 1996:8.

本假定和价值观，包括信仰、态度和习俗①。文化分层理论指出了什么内容应该包含在文化中，文化被结构性地描述为一系列共同的基本假定和价值观，以及在这些价值观支配下的态度、信仰、体制和制度、人类非行为表现方式（人工制品和产品）和行为性表现方式（仪式和行为）。

根据文化分层理论，可将大学校园文化分为内中外三层。内层是价值观，也就是人们的价值判断标准，引导人们分别辨是非好恶，它是校园文化的内核，主要包括学校的办学思想、办学理念、价值观念等内容；中间层是体制和制度、仪式和行为，受到价值观的支配和引导，主要包括学校的规章制度、道德规范和行为准则等；外层是人工制品和产品，也就是肉眼可见、具有象征意义的物品，包括建筑物、服饰、语言等，象征物拥有特殊的含义，需要身处同一文化中的人才能理解和领会，具体到校园文化，主要指校园文化的物质层面，包括校园地表景观、绿植景观、建筑景观、水体景观、语言景观、雕塑景观、纪念碑石景观、校园铺装、校园设施小品及师生的饮食服饰等。

2. 组织文化传播理论

德国慕尼黑大学教授海能认为，组织文化是"有关组织的、通过象征传播的共同价值观念和行为准则"②。一个完整的组织文化体系包括媒介和思想体系两个重要层面，媒介主要指象征物，通过各种有意义的符号，在组织内部形成关于价值观念和行为准则的共同认识；思想体系即组织共有的价值观念和行为准则③，常常依托语言、故事、非语言信息、仪式等文化媒介及其传播交换而体现出来。组织文化传播可分为跨空间的文化传播和跨时间的文化传承两种形式。因此，从组织文化传播角度来看，大学新校区对学校文化的传承，其实是大学文化思想体系借助文化媒介，在新老校区师生间的一种有计划、有组织的跨空间和时间的传播活动，其效果与学校管理层的精心组织与规划密不可分。学校管理层可把办学理念、办学

---

①李曼丽．"文化分层"理论在大学文化研究中的应用［J］．江苏高教，2006（05）：1-3．

②E. 海能．企业文化［M］．张庆洪，陆新，等译．北京：知识出版社．1990：102．

③胡可宁．组织传播学：结构与关系的象征性互动［M］．北京：北京大学出版社．2010：155．

思想及核心价值观等凝练成校训、校风等精神文化,并借助校徽、校歌、典礼仪式、文化活动、学校建筑和校内景观等文化媒介的象征性传播,来促进新校区师生对大学文化的认同与传承。

二、大学新校区传承学校文化的主导机制

大学文化是在长期办学过程中积淀形成的一种组织文化,新校区传承学校文化,其本质就是在新校区重塑老校区形成的文化场域,是在一种新的地理空间,通过多种方式延续或再现老校区的组织文化场域。大学需要建立起新校区传承学校文化的"一主三辅"传承机制,其中的主导机制通常由以下要素构成。

1. 学校文化资源

任何一所学校经过长期的办学积淀,都会形成自己的校园文化资源,包括校容校貌、校园环境等物质文化,学校的社会声誉、社会形象、办学理念与办学追求等精神文化,以及为广大师生所共享的一套教学、科研和管理等行为规范。文化资源既是大学的无形资产,也是丰富的教育资源,它会影响师生的文化自信与文化认同。大学新老校区文化传承的本质,是要在新校区延续或再现老校区形成的文化教育氛围,因此,要在新校区有效传承学校文化,首要工作是对学校的文化资源进行挖掘整理与研究阐发。通过挖掘整理学校不同发展阶段的文化资源,定期编写与修订校史,厘清学校办学理念的演变脉络,可为提升师生对自己学校的文化自信与文化认同奠定基石,是大学新老校区文化传承的起点。

2. 文化认同

在大学新校区传承学校文化的心理基础是提升新校区师生对学校组织文化的认同,也是在新校区进行这种组织文化场域重塑和再现的基础,包括提高师生对大学组织文化的了解、提升师生对大学组织文化的情感认同、增进师生对大学组织文化的行为认同,使师生在日常工作、学习和生活中能主动践行大学的组织文化。因此,对新校区师生进行学校文化教育,提升他们对老校区校园文化的认同,是在新校区开展学校文化传承的基础性工作。

3. 传承内容

新校区对大学文化传承的主要内容包括一所大学在长期办学过程中所

积淀形成的办学理念、办学精神、校训、校风、教风和学风等精神层面的内容。这些内容通常借助各种文化符号表达出来，外化为物质文化、行为文化、制度文化和精神文化等形式，通过校园历史景观、校园纪念景观、校园教育景观、校园艺术景观和校园语言景观等载体呈现出来。

4. 传承主体

一所大学的文化是该校历届师生持续不断共同创造的精神成果，要在新校区传承学校文化，必须充分依靠和发挥多元主体的作用。大学文化传承主体包括组织机构和个体两类，组织机构是学校负责文化建设和规划工作的部门，个体包括学校领导、职能部门及各二级学院领导、广大师生和校友。

5. 传承方法

在新校区传承大学文化需要多种方法相互配合，大体可分为人的活态传承与环境的熏陶浸染。前者包括学校各级领导等"关键少数人"的率先垂范、优秀教师的典型精英示范、教师的言传身教、学生的相互影响及师生交往；后者主要是通过移植、复制、加工再创作等方式，在新校区营造和延续老校区的教育文化场域，需要挖掘整理、研究阐发、教育传播、内化认同、主动践行等环节相互配合。

上述要素共同形成的传承机制如图7-1所示。

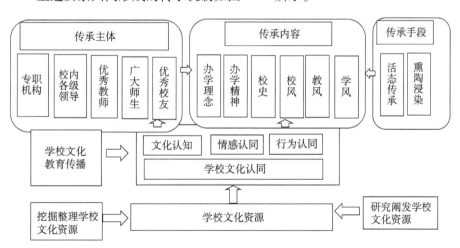

图7-1　大学新老校区文化传承主导机制

由上述机制可看出，在大学新校区有效传承学校文化，需要建立一套传承制度，涉及学校文化的挖掘整理、教育传播、组织认同等方面。对学校文化资源的挖掘整理和研究阐发是基石，通过有组织的教育传播来提升师生对学校文化的认同；学校决策层要大力推进，发挥校领导、师生和校友等多元主体的传承作用，采用多样化传承手段，进行大学组织内的文化传播活动，达到有效传承校园文化的目的。

三、辅助机制一：多元主体参与的活态化传承机制

一所大学的文化既是全体师生员工集体智慧的结晶，也是集体创造的精神财富，对其的有效传承也离不开多元主体的积极参与。因此，大学要积极建设并完善包括学校领导、职能部门及各二级学院领导、优秀教师代表、广大师生和校友在内的多元主体参与机制（图7-2）。

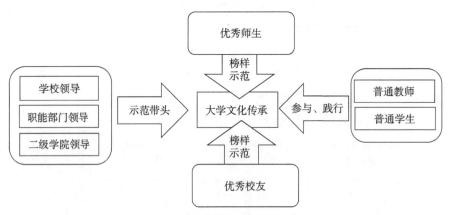

图7-2 多元主体参与的活态化传承机制

一要发挥校领导、职能部门及各二级学院领导等"关键少数人"的示范带头作用。"组织领导人是组织的精神领袖，他们既应该是组织文化建设的设计者、组织者、引领者，又应该是组织文化最忠实的实践者。"① 高校领导层不仅影响着大学文化的塑造，对大学文化的传承同样有重要影

---

①王若军，雷高岭. 组织文化：传承与创新［M］. 北京：人民日报出版社. 2015：13.

响。在组织文化的建设过程中,"组织中的领导者通常被视为重要的'信号发生器',他们的言谈举止有意或无意地传递信息,从而说明什么才是真正重要的"①。在组织文化的传承过程中,组织领导人是最重要的载体之一,其模范带头和组织引导作用是组织文化有效传承的重要保障,其导向和推动作用是创建和传承组织文化的关键。因此,在新老校区为传承学校文化而设计的各种活动中,要积极利用文化认同过程中的"伟人效应"②,发挥学校及学院领导作为"关键少数人"的示范引领作用,如主动学习、展示和阐释学校文化及其内涵,在日常工作场所或各种象征性活动中主动佩戴校徽,出席各种仪式活动时带头诵校训、唱校歌,来展示对学校文化的认同。通过发挥"关键少数人"的示范带头作用,将学校文化外化为学校管理层在日常工作中的普遍性行为举止、气质和观念,从而促进师生对学校文化的认同。

二要发挥优秀师生和优秀校友的榜样示范作用。高校文化的形成是一个不断累积的过程,学校在不同发展阶段涌现出的优秀人物和事迹是学校文化的宝贵素材。这些优秀人物通常很好地体现着学校的组织文化,并可为其他师生提供榜样。学校要善于将发展过程中涌现的感人事迹及校友毕业后践行学校文化的典型案例,打造成反映学校优秀文化的各类人物故事或校园剧,通过故事这一组织文化符号,传播价值观念与行为准则。"展现文化的最佳方式是透过组织成员口耳相传的故事"③,正如哈佛大学教授霍华德·加德纳所说,"故事是领导者的艺术宝库中最强有力的一件武器"④。故事能起到例示或简化组织价值体系的作用,有利于组织价值观保持长久活力,容易让人留下深刻的印象,并为组织成员提供一种共享的理

---

① 胡可宁. 组织传播学:结构与关系的象征性互动 [M]. 北京:北京大学出版社. 2010:313.

② 郑晓云. 文化认同论 [M] 北京:中国社会科学出版社. 1992:121.

③ 凯瑟琳·米勒. 组织传播 [M]. 陈淑珠,郭欣春,曾慧琦,译. 台北:五南图书出版公司. 1998:121.

④ 安妮特·威池. 管理沟通策略:案例教材 [M]. 毕香玲,译. 北京:中国人民大学出版社. 2003:10.

念。"人们通过轶闻趣事更容易了解一个组织真正的文化和行为规范"[①]"一个个生动的故事,是对组织文化的最好诠释"[②],学校要充分利用好这些人物故事,不断充实文化素材,编写高质量的校史及文化读本或教材,并纳入学校公选课程体系,向学生开展常态化的校史教育,增进学生对学校文化的认识与理解,进而提升学生对学校文化的情感认同与心理归属感。

三要建立和完善师生参与和践行学校文化的渠道。学校管理者要树立以师生为本的管理理念,充分尊重和体现广大师生的主体地位,在学校文化建设与传承的过程中,要充分吸收师生参与规划方案的起草和制订过程,广泛听取师生对相关方案的意见建议,以实际的管理举措来增强广大师生对学校文化建设的参与感和认同感,促使他们在日常工作、学习和生活中主动践行学校文化,从而更好地发挥出师生交互及活态传承的载体作用。

四、辅助机制二:大学文化资源的挖掘与增补机制

丰富而富有活力的文化资源是大学文化传承的基石,因此,大学一方面要重视既有文化资源的挖掘整理,另一方面也要重视学校文化资源的持续扩充与积累,这就要求大学完善文化资源的挖掘与增补机制。

首先要重视学校历史文化资源的挖掘整理。"文化符号;人物及事件;礼仪、习俗、传统;信念和价值是文化的四重表现形式"[③],学校除了要加强校训、校徽等文化符号的系统建设外,还要重视与加强学校历史的整理、研究与挖掘工作,可由院校研究机构或高等教育研究所负责对校史进行深入、系统的研究,全面理清学校文化的形成历史与发展脉络,系统阐释办学理念的内涵与精神实质,深入整理学校不同发展阶段涌现出的优秀

[①] 胡可宁. 组织传播学:结构与关系的象征性互动 [M]. 北京:北京大学出版社. 2010:159.

[②] 王若军,雷高岭. 组织文化:传承与创新 [M]. 北京:人民日报出版社. 2015:145.

[③] 李延保. 关于高水平大学建设的思考——兼谈现代大学文化建设 [J]. 中山大学学报(社会科学版),2008(01):189-201+208.

师生事迹，使之成为展示学校文化最生动、最具感染力与教化力的载体。

其次要重视学校优秀文化资源的积累。当前各高校在进行新老校区文化传承时，通常都比较重视学校历史文化资源的挖掘整理，尤其比较重视整理并利用首任校长和知名教授等历史名人资源，但对学校当前涌现出的优秀师生或典型事迹开发利用不足，通常只是在年度校史整理中简单记录，没能及时开展深度的挖掘与整理。大学要有意识地进行优秀文化的积累，通过文化积累形成特色文化。一般而言，那些没有形成特色校园文化的高校，工作失误之一就是不重视校园文化资源的积累，导致校园文化在传承过程中出现人为的断裂。因此，学校要积极建立与完善优秀文化素材的增补机制，可安排专门的部门负责定期收集、整理学校发展过程中涌现的感人事迹，以及校友毕业后践行学校文化的典型案例，以此为学校文化建设源源不断地提供丰富的素材。

五、辅助机制三：大学文化传承的组织保障机制

对高校而言，在新校区传承学校的文化是一种有目的、有计划的组织行为，需要建立与完善组织保障机制。

一要成立校院两级的负责文化建设与传承的组织机构，配备相应的岗位及人员，确保相应的资源投入。学校层面的组织机构可由校发展规划处或宣传部门牵头负责，建立由校级领导任组长，校学工、团委、人事、教务、科研等职能部门和各二级学院主要负责人参与的大学文化建设与传承协调工作机制。校内各二级学院可成立由院长或学院党支部书记任组长，院党政联席会议成员及系（教研室）主任为组员的院级学校文化建设与传承小组。

二要增强经费保障。大学的办学经费主要用于学科建设和师资队伍建设，用于校园文化建设的经费相对有限，因此要通过学校年度预算支持、校友和社会捐赠等多种方式，多途径、多渠道募集文化建设资金，为新校区校园文化建设提供强劲支撑。

三要建立智力保障体系，新老校区校园文化传承是一项复杂的工作，需要较高水平的理论指导、科学研判和综合施策，因此可以依托学校人文社会科学资源优势，建立大学文化建设和发展专家库，群策群力，听取专

家的意见和建议，更好地促进校园文化传承。

四要强化校园网络保障。随着信息化技术越来越发达，网络技术在学校的应用日益增多，不仅提高了工作和学习效率，也使物理隔离造成的校区分割日益消除，各个校区间联系更加紧密。建立网络化大校园，能够将各校区连接起来，做到资源共享、信息互通，增强新老校区的学术交流和思想交流，促进新老校区校园文化的传承和融合，将校区分割带来的阻隔降到最低。

第二节　大学新校区传承学校文化的策略

为了促进大学新老校区文化的有效传承，除了需要建立完善上述"一主三辅"传承机制之外，还可采取以下具体的传承策略。

1. 原貌迁移校园景观

该方法指将大学老校区中一些经过漫长岁月打磨和历史积淀、逐渐成为校园标志性文化符号的建筑景观或文化景观原样搬迁到新校区，使校园的历史文化在新校园得以传承。此类文化景观元素通常是学校的标志性文化符号，代表着校园的历史文化。将老校区中一些具有代表性的、特色鲜明的文化景观按照原貌移植至新校区，将其作为一个历史性的主题来塑造，完整真实地展示校园文化发展的脉络，可起到承接老校区历史文化的作用。例如河北师范大学在新校区就采用了这种策略，将老校区的校训石景观原貌移植到了新校区。沈阳建筑大学则将代表着老校区60余年历史的西院大门门柱搬迁至新校区入口处，形成校门广场的主题景观①。

2. 复制与再现校园经典场景

该方法是将大学老校区的标志性文化符号或代表性场景复制到新校区，在新校区重塑或延续老校区的历史氛围或文化教育环境，让师生在新校区能够感受或领会老校区的历史文化传统，或唤起对老校区教育环境的记忆，例如广西师范大学雁山校区的主校门复制了王城校区的校门风格，

---

①侯钰，李媛，关山. 高校新区景观环境的历史文化传承——以沈阳建筑大学浑南新校区为例［J］. 华中建筑，2011，29（06）：126-129.

广西医科大学武鸣校区主教学楼则复制了老校区教学楼的建筑风格。

3. 移植利用传统要素

该方法指大学在新校区建设过程中，将那些能代表老校区特色的建筑、构件、器物等要素移植到新校区中，以校园文化景观的形式再现。因为这些要素在老校区具有较强的代表性，广大师生非常熟悉，已经成为一种集体记忆，能获得较高的情感认同，所以利用提取、抽象、解构等手段，在新校区校园景观中恰当运用，往往能够取得较好的效果，提供视觉形象与象征意义的双重延续。例如，沈阳建筑大学将从老校区建筑拆除下的红砖应用到了新校区行政楼前的广场和教学楼的室内空间中。红砖作为一种象征性的符号，见证了老校区的历史发展，凝结了老校区师生深厚的记忆，成为沈阳建筑大学历史传承的媒介①。

4. 改造利用旧文化元素

该方法是指对大学在办学过程中逐渐形成的具有重要意义的文化景观元素进行改造再利用，在新校区打造成新的文化景观。这些旧文化元素通常是老校区发展的见证者，也是许多美好回忆的载体，是校园文化的重要符号之一。在新校区文化建设过程中，合理有效地改造利用旧文化元素，将其打造成新校区新的文化景观，并作为一种具有衬托性质和传承性质的文化景观，配合整体的校园文化氛围，进行校园文化的继承和再创造。如河北经贸大学新校区的文化园中有一块校牌陈列栏，为师生展示着河北经贸大学自建校之初至今所有使用过的及其他并入高校的校牌，让师生在无声胜有声中深切感受到学校发展的脉络与历史变迁。

5. 将非景观性材料转化为校园文化景观

大学新校区在建设过程中或是建设完成后，有些历经了几十年乃至百余年的老校区面临土地置换的情况，很多富含校园文化和历史的、具有代表性的非景观性材料面临着被拆毁的命运。因此，可以将老校区中的非景观性材料作为文化传承的载体，挖掘其内在的文化精髓，通过适当的改造和升华，赋予其新的文化意义，使之转化成带有一定文化内涵和教育意义的校园文化景观，为新校区的校园文化传承发挥作用，如华北理工大学

---

① 侯钰，李媛，关山. 高校新区景观环境的历史文化传承——以沈阳建筑大学浑南新校区为例 [J]. 华中建筑，2011，29（06）：126 - 129.

（原河北理工大学）1976年遭遇唐山大地震，后来在地震遗址前树立纪念石碑和介绍牌，将其完整地转化成了一种无声的校园文化景观。通过对老校区中的部分非景观性元素进行改造或重组，使其能够自然而然地融入到新校区的文化景观之中，在新校区中形成一个历史与现代交融的景观空间，这种交融在视觉上形成强烈的对比，能有效引起在校师生的回忆及对老校区的怀念，从而将校园文化延续和传承下去。

6. 升华校史文化

该方法是对大学在长期办学过程中积淀的价值取向、办学理念和大学精神进行提炼升华，融入到新校区道路或教学楼的命名之中，或在新校区打造历史文化景观和纪念性文化景观，以反映大学精神的文化景观为载体，传承学校的文化。例如，宁波工程学院在风华新校区的道路命名上就体现了学校的发展历史，提出了"九经六纬"的方案，即经路九条：高专路、交通路、亚琛路、天工路、百工路、善工路、精工路、考工路、名工路；纬路六条：知行路、团结路、创新路、讲实路、求精路、合一路。其中，高专路铭记的是宁波工程学院的前身——宁波高等专科学校；交通路体现的是与宁波交通高级技工学校合并的历史；亚琛路是为了纪念学校1984年与德国亚琛应用科技大学结对办学，成为当时全国四所中德合作院校之一；精工路取自《后汉书蔡伦传》的"莫不精工坚密，为后世法"，意指精致工巧，精工一词在中国传统文化中源远流长，主要用来形容艺术作品精雕细琢、精美绝伦，取此路名，寄托着学校对走出校门的学子的殷切期望——精益求精地工作，创造出精彩的人生。历史文化景观是大学精神传承的物质基础与表现形式，其中渗透了大学精神的深刻内涵，正是因为它们记录了大学发展中的一幕幕历史场景，承载着大学理想与现实社会的碰撞历程，才使得大学精神不断升华[①]。又如陕西师范大学根据以"厚德、积学、励志、敦行"的校训，将长安校区的四条道路分别命名为厚德路、积学路、励志路、敦行路。

7. 故事化

该方法是将大学的办学理念、大学精神、校风、学风和教风等精神层

[①] 侯钰，李媛，关山. 高校新区景观环境的历史文化传承——以沈阳建筑大学浑南新校区为例［J］. 华中建筑，2011，29（06）：126-129.

面的内容，转化为情节生动而又极富吸引力的各种故事，通过讲故事来传承校园文化。故事是展示与传承大学文化的有效手段。将学校在重大决策管理、人才培养、科研及成果转化和师资队伍建设等方面涌现出的优秀人物或典型事件改编成校园故事，再将故事改编成校园剧，可有效传承学校的文化。一般来说，一所有着悠久历史文化传统的大学一定是有故事的大学，正是一个个有关学校发展的生动故事在年级之间、师生之间口耳相传，使学校的文化突破时空局限而得以传承。运用故事化策略来传承学校文化，要求大学善于挖掘整理发展历史上的先进师生事迹，遵循客观、真实的原则进行加工，将办学理念和典型办学行为故事化。例如，笔者在华中科技大学读博士期间，就不断从师兄师姐和教师口中听到有关朱九思老校长"两件半好事"的故事，既是对朱九思老校长一生办学成就的评价，也反映了他"教师是大学的第一资源"和"科研要走在教学前面"的办学理念。

第三节　推进大学新校区有效传承学校文化的对策建议

大学新老校区文化传承是一项长期复杂的系统工程，传承效果的好坏直接影响新校区校园文化建设的结果，关乎新校区是否能够秉承学校一贯的办学理念、价值追求与大学精神，关乎新校区能否延续学校原有的教育环境与学术气质，关乎学校育人效果。因此，为了避免新老校区校园文化传承的断裂以及新校区出现"文化孤岛"问题，促进大学新老校区更好地进行文化传承，提出如下对策建议。

一、重视对大学师生的文化领导与文化管理，提升师生的文化自觉

大学文化本质上是大学倡导的一套核心价值观念与行为规范。师生对大学文化的认同程度，一方面反映了师生对大学提倡的价值观念与行为规范的接受与认可程度，另一方面也反映了各高校对大学文化建设的重视程度及管理水平。立德树人是大学的根本宗旨，大学形成的学校文化是一种宝贵的教育资源，具有独特的教育价值与管理功能。正如企业文化管理研究所揭示的那样，"企业能成功经营是因为它们的员工能够认同、信奉和

实践组织的价值观"①。本研究显示，虽然 86.9% 的教师对大学文化比较认同，但依然有 13.1% 的教师认同程度一般或不太认同，还有 13.0% 的教师对大学文化不太了解，16.9% 的教师情感认同度较低，15.0% 的教师行为认同度较低；对学生的调查显示，超过四分之一的学生不太认同自己大学的文化。因此，学校管理者要重视与加强对师生的文化领导与文化管理，通过文化管理来"强化团队精神和情感归属，使成员有'家'的归属感和主人翁责任感"②，一要充分认识到以构建共同价值观为核心的价值领导在学校文化领导中的重要作用。"在学校文化建设过程中，必须把价值观的认同与潜移，作为学校文化建设的首要任务予以落实"③，各高校一要进一步优化现有的学工、团委等学生事务组织机构的职能，面向学生精心设计以校训、校歌、校徽等文化符号系统及办学理念、校风、学风等价值观念系统为内容的专题教育活动，同时将这两大系统积极融入日常活动之中，让师生明白学校文化的来历、形成过程、内涵及所具有的特色；二要"以共同价值观为基础进行制度文化建设"④，将学校文化嵌入学校的内部制度及各种活动之中，积极"打造校园文化领导共同体"⑤；三要在师生中推进以学校文化为核心的价值观共建、共享，增强大学文化对师生日常教学、科研、学习等行为的引领作用；四要充分发挥学校领导人在学校文化传承中的组织、引领与示范作用，建立健全校院两级校园文化建设领导体制与校内多部门协同运行机制，将大学文化融入校园建设、学科建设、师资队伍建设等专项建设之中，通过对教师的文化领导和价值观管理来增强教师对学校文化的认同，从而更好地发挥大学文化引领、激励与凝聚人心，以及规范与调节教师行为等积极作用；五要充分发挥校内教师的文化

---

①特伦斯·迪尔，艾伦·肯尼迪. 企业文化——企业生活中的礼仪与仪式［M］. 李原，孙健敏，译. 北京：中国人民大学出版社. 2014：22.

②孙鹤娟. 学校文化管理（修订本）［M］北京：教育科学出版社. 2012：43.

③吴中平，徐建华，徐跃飞. 冲突与融合：学校文化建设新视角［M］. 上海：上海三联书店. 2006：122-123.

④吴中平，徐建华，徐跃飞. 冲突与融合：学校文化建设新视角［M］. 上海：上海三联书店. 2006：136.

⑤孟宇婕. 学校变革中的文化领导共同体［J］. 教学与管理，2021，（06）：44-47.

中介作用（前提是教师对学校的文化高度认同），让教师在日常的教学、科研、社会实践及社会服务等活动中，向学生阐释学校文化的内涵，以潜移默化的方式传播或践行学校文化，以提升学生对学校文化的自觉。

二、遵循大学新老校区文化传承的基本原则进行规划

首先是同一性原则。所谓同一性指的是新老校区在学校文化上应该保持一致，即一所大学一种大学精神。具体表现为不管是新校区还是老校区，作为同一学校主体，有着相同的机构和领导、相同的管理制度、相同的发展规划以及相同的学科建设。因此，新老校区在传承学校文化时，有着本源上的同一性。这就要求在新校区进行校园文化建设时，要传承和发扬老校区的校园文化，即使会根据时代发展需求呈现新的特点、表现新的形式，但究其本质，其文化内核还是应该与老校区保持一致。可以说新校区的文化之"新"，是由老校区的文化之"老"演变发展而来的，老校区的文化为新校区文化建设奠定了基石、指明了方向，新校区的校园文化正是在老校区的文化沃土之上才得以生根发芽、茁壮成长。

在校园文化品牌和文化特色的建设上，新老校区有着相同的愿景和目标，就是要办出特色，得到全体师生的认可、体现学校的文化追求、实现学校文化跨校区的传承。学校文化传承保持同一性的重要意义体现在校园文化作为价值理想和精神财富，应该融入新校区校园文化建设当中，促进新老校区校园文化的协调发展，保证新老校区校园文化的"神"似，保持一致的大学精神。

其次是择优性原则。择优性原则是指校园文化传承过程中要对老校区校园文化进行筛选，有选择地传承，取其精华，弃其糟粕，过滤掉不适应新校区校园文化建设的消极部分，吸纳其中的积极部分。新校区校园文化的建设不是闭门造车，不是随心所欲的创造，而是在传承既定的、现有的老校区校园文化的基础上进行创造。校园文化是一种开放文化，在社会交互影响的过程中动态发展，原有的老校区校园文化要融于新校区校园文化建设，与新校区所在地的属地文化协调发展，就必须在传承过程中对蕴含在其中的价值观念、道德标准、行为规范进行有选择的继承和吸纳，从而形成适应新校区校园文化发展的文化体系。同时在学校内部，教师和学生

通过知识的沟通与交流、思维的互通与碰撞，使得校园文化的层次不断向前发展、不断提高。

校园文化传承中的择优性原则同样适用于对社会文化的吸收。校园文化虽然是开放的，但这并不意味着对社会文化的全盘吸收。校园文化作为一种社会亚文化，受到社会文化的影响，这也要求校园文化根据社会对人才培养的时代要求做出筛选和过滤，吸取社会文化中学校发展所需的积极部分，同时与学校校园文化融合，内化为自己的文化内容，形成独特的文化体系，以适应经济社会发展的时代要求和校园自身发展的内在需求。因此大学新校区校园文化在传承和弘扬老校区校园文化时，要准确把握扬与弃的关系，取其精华、去其糟粕，有选择地进行传承。

再次是创新性原则。校园文化对学校发展和育人工作具有重要作用，因此也应与学校发展保持一致，与时俱进、不断创新。文化创新指的是文化总是在一定传统基础上发展，又不断突破原有传统，建立新的传统。坚持创新性原则就要求广大师生员工充分了解学校历史传统，继承老校区校园文化的精华，再根据学校发展的现实情况，创造出适应新时期学校育人需求的校园文化，将创新的理念贯穿于新老校区校园文化传承始终，积极投入到新校区校园文化建设的主战场。全校师生都应该树立创新意识，学校也应该出台有利于校园文化创新的相关制度和支持措施。创新驱动发展，没有创新也就没有发展，就会使校园文化止步不前，甚至滞后于时代发展需求。创新作为一种发展形式，就是要在传统的基础上推陈出新。新校区文化建设的时代与老校区不同，新校区传承老校区的校园文化不是简单的复制，而是要充分发挥全体师生员工的主观能动性和创造性，在传承老校区校园文化的同时，吸纳中华优秀传统文化和区域优秀文化，使新校区文化建设体现出时代精神和校区特色。

最后是系统性原则。所谓系统性原则，指的是要将校园文化作为一个整体来加以考虑的原则，涉及校园文化整体与部分、整体与外部环境的关系。首先，校园文化作为一种社会亚文化，是社会文化系统内的一个子系统，必然受到社会文化系统的影响，同时又通过知识创造和传播以及与社会的互动，来影响和引领社会文化的发展和更新，因此校园文化的传承和建设必然与社会文化紧密相连，不能脱离社会实际。其次，就大学校园文化系统而言，有着自身内部的结构层次和表现形式。从层次上看，有以学校教学设施、图书馆等各类建筑为主的外层的物质文化,以学校规章制度和行为规范组成的中间层次的制度文化和行为文化,以及以办学理念、价值观念、道德标准为核心层次的精神文化;从文化主体来看,有学生文化、教师文化、校园管理者文化。因此,大学校园文化内部是一个相互交错并影响、相互促进和制约的协调运作系统。"学校文化要以精神文化来引导人,要以环境文化来熏陶人,要以制度文化去激励人、规范人,要以行为文化去培养人、教化人。①"在新老校区进行校园文化传承的过程中,要遵循系统性原则,不能顾此失彼、有所偏颇,要进行整体规划,注重协调,形成合力,使得新老校区校园文化传承有序进行。

三、积极践行以"整理挖掘—设计移植—内化认同"为主线的新老校区校园文化传承模式

新校区作为一块"文化荒漠",要想在短时间内营造浓厚的文化氛围,达到文化育人的效果,最直接的办法是对老校区的校园文化进行传承和移植,在这个过程中要注重整体规划、分步实施,构建合理的传承模式,明确基本步骤和操作环节,构建和践行以"整理挖掘—设计移植—内化认同"为主线的新老校区校园文化传承模式,具体环节如图 7-3 所示。

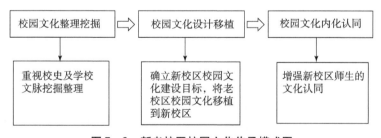

图 7-3 新老校区校园文化传承模式图

---

① 吴中平,徐建华,徐跃飞,等.冲突与融合:学校文化建设新视角 [M].上海:三联书店,2006:10.

1. 校园文化整理挖掘

校园文化整理挖掘是对校史及学校文脉进行挖掘整理，这是新老校区进行校园文化传承的第一步。弄清楚学校现有的物质、精神、制度和行为文化的内涵和具体表现形式是什么，以精神文化为例，就要弄清学校的办学理念、校训、校风、教风、学风分别是什么，背后有什么含义，发生过什么故事，这些都是宝贵的精神财富和教育资源，新老校区要保持一致，一脉相承。在这个过程中，一是要注意挖掘校园文化中蕴含的中国传统文化，传统文化是校园文化的源头活水，为校园文化的发展奠定了基础；二是要发掘校园文化的独特性，在新校区校园文化建设中打破"千校一面"的困局，增强校园文化特色，使每个学校都有自己独特的文化烙印。

2. 校园文化设计移植

厘清了学校现有文化资源后，就要明确新校区校园文化建设的目标，利用新校区建设契机，以精神文化为核心、物质文化为载体，设计新校区的校园文化，规划好新老校区的文化传承，充分挖掘与选择老校区有代表性的文化景观及其元素，采用原貌迁移校园景观、复制与再现校园经典场景、改造利用旧文化元素、移植利用传统要素、将非景观性材料转化为校园文化景观、升华校史文化和故事化七种传承策略，实现新老校区校园文化传承和融合发展。

3. 校园文化内化认同

新校区校园文化内化指的是新校区师生员工认同老校区校园文化，将其中倡导的价值理念、道德规范等精神内核融入到自己的学习工作和生活之中，并逐步形成自己的价值判断和行为准则，实现文化的内化于心、外化于行。将老校区校园文化传承到新校区并不是终点，只有实现了文化内化，才算是完成了文化传承的整个环节。文化内化的完成离不开学习和宣传，因此学校要通过多渠道宣传校园文化，组织广大师生学习校园文化，灵活运用校史宣传法、名师示范法、课堂浸润法和活动凝聚法等多种做法，让学校倡导的办学理念、价值观念和大学精神深入人心。

四、重视大学文化符号系统建设，积极利用好各种象征性文化符号，培育和强化新校区师生对大学文化的认同

大学新老校区文化的传承过程就是对大学校园文化符号的学习与教育过程。从操作层面看，就是将大学老校区形成的学校文化进行符号化处理与转化，然后利用这套文化符号，对新校区师生进行教育与学习，使新校区师生能了解、接受和喜欢老校区文化，最终能主动遵循与践行。"文化符号；人物及事件；礼仪、习俗、传统；信念和价值是文化的四重表现形式"①，大学的校徽、校训、校歌、各种仪式典礼、优秀人物及其故事及校园建筑等物质化的文化符号都具有重要的文化象征性意义，它们通常象征着大学的文化及价值观，是大学新老校区间文化传承的重要载体。学校要重视大学文化符号系统建设，要积极利用好这些文化符号来传承学校文化。一可从校院两级打造富有特色的大学文化符号系统，重视校训、校歌、校徽等文化符号内涵的提炼，借助文化符号宣传学校优秀文化；二可通过隆重地组织开学典礼、毕业典礼、学位授予典礼、校庆日及学校历史上重要人物或事件的纪念日等，打造学校的典型仪式活动和特色文化活动，将集体诵校训、唱校歌列为这些活动的规定内容，让师生直观地感受到大学倡导的办学理念与文化价值观，以进一步提升师生对学校文化的认同程度；三可通过整理学校不同发展阶段涌现出的优秀人物及事件，精心编写反映学校办学历史和大学精神的校园故事或校园戏剧，使之成为展示学校文化最生动、最具感染力与教化力的教育素材和传承载体。"讲故事已成为组织传播价值观的重要方法之一，是传递信息的一个强大的办法。"② 通过向师生讲述大学发展过程中涌现出的优秀师生代表人物及其故事，可以激发师生的想象及自豪、自信等情感，有助于师生更好地了解与感悟大学的文化和价值观，从而更好地促进新校区师生对学校文化的情感认同；四可在校园、教学楼、宿舍楼等公共空间精心打造以校训、

---

① 李延保. 关于高水平大学建设的思考——兼谈现代大学文化建设 [J]. 中山大学学报（社会科学版），2008（01）：189 - 201 + 208.
② 王若军，雷高岭. 组织文化：传承与创新 [M]. 北京：人民日报出版社. 2015：182.

校歌、校徽为素材的校园人文景观，巧妙设计展示学校光荣历史事件或名人故事的雕塑，发挥新校区楼台亭阁、假山景石、公共建筑、雕塑广场以及道路等物质化文化符号在组织文化传播中的媒介作用，在创意、构思、设计及命名中融入学校历史文化资源要素，让师生在新校区的公共环境和校园景观中耳濡目染学校的办学精神、人文传统和办学特色等文化象征性信息，在日常生活中沉浸式地感受到学校文化的熏陶。正如美国共同基金管理公司董事长兼首席执行官斯科特·克斯涅所说："建筑可以表明我们的身份；它看得见，摸得着。当从这里走过时，凭直觉就能了解到公司文化的60%。"①

五、精心组织设计面向师生的学校文化传播渠道及宣讲教育活动

理查德·达夫特和罗伯特·兰格尔于20世纪80年代中期提出了媒体充裕度理论。该理论认为，组织要根据传播任务的歧义性或模糊性的不同程度，选择具有不同信息传达能力的传播渠道。当传播任务带有歧义性或模糊性时，应当选择面对面互动、电话等充裕的传播媒体；当传播任务比较明确或单一时，可以选择宣传海报、公告板等贫乏的传播媒体②。从组织文化传播角度看，新老校区间的学校文化传承活动其实是持续向新校区师生和后入校师生进行的组织内的文化传播活动，面对后入校的师生，大学文化是具有一定模糊性和容易引起歧义的传播信息，因此，为确保这种组织文化传播的效果，要精心组织与选择传播渠道及宣传教育活动，多采取面对面等充裕媒体进行传播。例如，一可精心编写学校文化学习材料，并将其积极纳入教师入职培训和学生的全校性公选课程体系；二可将学校发展过程中涌现的感人事迹及校友毕业后践行学校文化的典型案例，打造成反映学校文化的各类人物故事或校园剧，通过故事这一组织文化符号来传播学校共享的价值观念与行为准则；三可面向师生定期举办学校文化专题宣讲活动，加强对校史、校训、校徽与校歌等典型文化符号的宣讲，准

---

①玛莎·奥马拉. 战略与选点［M］. 高艳山，孙光国，译. 北京：人民邮电出版社. 2004：134.
②凯瑟琳·米勒. 组织传播［M］. 陈淑珠，郭欣春，曾慧琦，译. 台北：五南图书出版公司，1998：295.

确阐释与解读校训的精神内涵，诠释校徽的形象设计元素、构想及价值意向，宣讲校歌的创作背景、歌词含义及精神内涵，挖掘其背后的历史故事与人文典故，有助于师生全面了解所在大学文化的形成历史与演化脉络，增进师生对大学文化的认同；四可采取传统媒体与现代媒体相结合的方式，从校院两级精心组织设计不同层次、不同类别、不同形式的学校文化宣传教育的活动载体与表现形式，可利用现代信息技术手段，打造网上校史馆或学校发展成就展，增进新校区师生对学校文化历史脉络和内涵意蕴的了解，从而更好地提升师生对学校文化的认同感和文化自豪感，促进师生对大学文化的有效传承。

六、加强新校区物质环境的文化内涵建设

物质环境作为新老校区文化传承的载体，能直观展现出一所大学的文化底蕴。在新校区传承老校区文化的过程中，物质环境应该作为一种传递信息、表达内涵的象征或符号，使师生能够受到影响和启发，感受到学校的文化精神和内涵①。因此，校园文化的传承应该物质文化先行。

第一，在新校区建设过程中保持新老校区校园主体建筑风格统一，也可以将老校区的特色建筑在新校区等比例重建，以便让师生能直观感受到老校区的物质文化。例如广西师范大学雁山校区的东大门就是对王城老校区校门的复制，中国计量大学的校训石碑也直接沿用了老校区石碑。通过这些文化元素的融入，不仅能够提升学校整体文化氛围，展现学校特色和精神风貌，而且能使师生感受到学校的文化内涵，从而产生文化共鸣，使高校文化拥有旺盛持久的生命力。

第二，在新校区物质环境建设中注重融入老校区的文化内涵及文化元素，如河北师范大学新校区中屹立的校训石就是从老校区移植过去的。另外，在设计校园文化景观小品时，既要考虑其自身造型的艺术性，同时还要尊重校园的历史文脉，反映出每个校园独特的文化内涵。此外还要考虑所处环境、建筑及植物的配置关系等，才能发挥出画龙点睛的作用②。

---

①孙松波，常俊丽，朱俊静，等．新老校区文化景观传承研究——以南京高校为例［J］．天津农业科学，2015，21（09）：162-166．

②张亚萍，梅洛．文化景观［M］．北京：中国电力出版社，2014：30．

第三,将老校区的办学历史设计成文化长廊融入到新校区中,可以直观地让学校成员了解到学校的发展历程,感受学校文化在历史发展中的应用及升华,促进师生对学校文化的认同以及主动践行。此外,在建筑物以及道路的命名上,可以提取校训或者办学理念中的用词,或者与老校区的命名相呼应。例如华北理工大学新校区中的明德道和博学道就是取自校训"明德博学",将学校文化融入到校区道路命名中,不仅使学校文化氛围得到提升,而且能够加深师生对于学校文化的了解与认知①。

七、加强新老校区之间师生互动的活态化传承

由于受到地理位置的限制,老校区的优秀文化不能对新校区产生直接的辐射及影响,因此学校成员要发挥出应有的文化传播活力,使新老校区之间形成有效的互动,以实现新校区对学校文化的活态化传承。

第一,要加强新老校区师生之间的互动,建立本科生导师制,保证每个学生都有固定的导师负责。教师无论在新校区还是在老校区上课,都要定时与学生进行沟通,通过教师对学校文化的高度认同,使学生在平常的交流中受到潜移默化的影响。

第二,加强新老校区辅导员之间的互动。辅导员是学生在日常的学习生活中接触最多的学校管理人员,新老校区的辅导员要定期进行交流学习,以提高对学校文化的了解认同及主动践行的意愿,在与学生相处的过程中以身作则,用自身的言行来影响学生的思想观念。

第三,加强新老校区学生之间的互动。首先,制定学生兼职辅导员制度,选拔老校区优秀的硕博研究生或大四的本科生,担任新校区本科生的兼职辅导员,以学生辅导员身份参与到学生的活动中,与低年级的学生进行零距离沟通,使老校区学生身上所具备的文化精神对新校区的学生产生影响;其次,充分调动学生社团的积极性和主动性,依托新校区学生社团在学校育人中的特殊地位来传承学校文化,通过新老校区学生社团间的交流互动,使新校区的学生感受到老校区浓厚的文化底蕴,以及老校区师生身上具备的优秀品格和精神。

---

① 王艺菲. 校园文化传承视角下的大学新校园语言景观研究 [D]. 南宁:广西大学,2019.

第四，加强新老校区文化活动之间的互动。校园文化活动是学校文化的重要载体，新校区可结合自身的办学特点，与老校区的品牌文化活动进行融合①；可在学校网络平台上实时播放各个校区的活动开展情况；还可邀请老校区的师生在新校区开展文化活动，让新校区的师生了解和直接感受到老校区师生在文化活动中的风貌和体现出来的文化精神。通过新老校区师生之间、师师之间、学生之间及文化活动之间的互动，强化新校区师生对于学校优秀文化的认同。

八、利用现代信息技术，打造云校园文化平台

新老校区之间存在文化传承道路不通畅、文化断层等问题，地理位置的限制是主要原因之一，但这种限制是无法消除的。因此要扩展思路，利用不受地域限制的学校网络平台，打造云校园文化环境，使老校区与新校区的文化互相感染、互相影响。

第一，发挥学校微信公众号的宣传优势，推送学校要闻、学校历史名人故事、学校活动动态、师生校园生活等方面的内容，不仅能使学校成员时刻了解学校所发生的动态新闻，还可以促进师生之间的交流互动。因此新校区在传承老校区校园文化时，应该利用好微信平台的作用，经常推送有关学校文化的信息，比如学校发展的历史、优秀校友的成长故事、学校物质景观所蕴藏的内在文化精神等，并且对老校区的文化活动及时进行推送，鼓励新校区师生积极参与，在公众号中设置学校文化专栏，做到能够随时随地对有关学校文化的文章进行查看和阅读，以达到新校区师生对学校文化深入了解的目的。

第二，要发挥学校官方网站的宣传优势。设置学校文化专项入口，用文字、视频、照片及录音等方式，展示学校的文化及发展历史，让师生能够系统地了解学校文化。同时在新校区传承学校文化的过程中，向全体师生以及校友征集意见，鼓励大家根据自己对学校文化的理解，就文化传承方式及传承载体等提出创新性的想法，激发师生及校友对于学校的热爱之情、自豪感及归属感。通过发挥学校的网络平台优势，克服新老校区之间

---

①李厉. 新校区建设背景下高校多校区管理模式研究［D］. 天津大学，天津：2017.

地理位置的限制,增强新校区师生的文化认同感,促进新老校区文化传承工作的不断推进。

第三,打造网上校史馆和学校发展成就展示馆。利用互联网和人工智能等技术手段可以跨越时空的优势,向师生介绍与展示学校的光辉历史和优秀师生员工及校友事迹,打造3D校史馆和学校发展成果网上展示厅,突破线下的局限,增进学生对学校发展的了解,培养学生的自豪感与认同感。

第八章　南宁师范大学武鸣校区传承学校文化的工作方案设计

第一节　学校基本情况

南宁师范大学（以下简称"南师"）位于广西壮族自治区首府南宁市，是自治区人民政府创办的高等师范院校，是国家中西部高校基础能力建设工程（二期）项目学校、全国第二批深化创新创业教育改革示范高校、教育部数据中国"百校工程"项目试点学校、教育部本科教学工作水平评估优秀学校广西一流学科建设单位、2019年自治区依法治校示范校，现有五合、武鸣、明秀、长岗四个校区，占地面积共3 383.1亩，其中五合与武鸣为新校区。

南宁师范大学的前身为创办于1953年10月的广西中等学校教师进修学院，同年12月改名为广西教师进修学院；1960年7月更名为南宁师范学院，同年9月并入广西民族学院；1961年9月恢复为广西教师进修学院；1966年7月更名为广西教育学院；1978年12月举办全日制普通本科教育；1979年2月更名为南宁师范学院；1985年5月改名为广西师范学院；1998年6月，举办全日制硕士研究生教育；2002年12月，创建于1905年的南宁民族师范学校并入学校；2018年11月30日，学校通过教育部批准，更名为南宁师范大学。在60多年的办学实践中，学校凝练出"德才并育，知行合一"的校训，培养了13万多名服务基础教育以及地方经济社会发展的应用型高级专门人才。截至2024年10月底，有全日制普通本科生2 800多人，硕士研究生3 700人。学校现有学科专业涵盖哲学、经济学、法学、教育学、文学、历史学、理学、工学、管理学、艺术学等

10个学科门类。普通本科专业69个，硕士学位授权一级学科17个、硕士学位授权一级学科未覆盖的二级学科1个，硕士专业学位授权点13个。拥有应用数学、测绘地理院士工作站2个。有教育部重点实验室1个、自治区重点实验室3个、自治区工程技术研究中心2个，广西高校重点实验室4个、广西高校人文社科重点研究基地1个，还有省部级基地中心5个。

学校具有鲜明的教师教育办学特色，获得一批国家级教学成果：教育部高等学校特色专业建设点4个、教育部本科专业综合改革试点1个，国家级一流本科专业建设点12个，国家级教学成果二等奖（主持）8项，省级教学成果特等奖6项、一等奖31项。国家级一流/精品课程12门，自治区级一流/精品课程97门，广西普通高校示范性现代产业学院3个。2017年以来，学生获全国、全区各类学科竞赛奖项7188项，其中全国奖项510项，包括全国师范院校师范生教学技能大赛一等奖、全国大学生数学建模竞赛一等奖、全国大学生电子设计竞赛一等奖、全国大学生广告艺术大赛一等奖、中华经典诵写讲大赛大学生组一等奖、中国大学生创新大赛广西选拔赛冠军等。毕业生在相关行业领域成就突出，涌现了众多国家和自治区级模范教师、优秀教师、特级教师等，以及"亚洲女飞人"韦永丽、"80后"著名作家辛夷坞等一批知名校友。

截至2022年6月，学校近5年科研成果获得国家级奖励5项，其中获教育部高等学校科学研究优秀成果奖（人文社会科学）一等奖1项、三等奖1项；获省部级奖励80项，其中广西社科优秀成果一等奖4项、二等奖19项、广西文艺创作铜鼓奖3项、广西科学技术奖二等奖8项。学校坚持开放办学，先后与30多个国家和地区的70多所院校等教育机构建立了合作关系。与英国卡迪夫城市大学合作举办《旅游管理》本科教育项目，与台湾暨南国际大学合作举办《电子信息工程》本科教育项目。分别与泰国、马来西亚等国家及台湾地区高校共建泰国语言文化中心、中马华人华文研究中心、桂台幼教发展中心、桂台民族器乐发展研究中心、桂台社会工作实践交流中心、韩语文化中心等。积极发展来华留学生教育，学校是中国教育国际交流协会高等学校来华留学质量认证学校，"中国政府奖学金""中国政府丝绸之路奖学金""广西政府东盟国家奖学金"留学生接受单位和"广西华文教育基地"。学校以建设区域特色鲜明的高水平师范大学为奋斗目标。

南宁师范大学武鸣校区建设项目于 2016 年顺利获得广西壮族自治区发展和改革委员会立项批复（桂发改社会〔2016〕115 号），占地 1 898.9 亩，共分三期建设，以简欧式风格为主建筑风貌。2019 年 8 月，学校武鸣新校区启用，目前共有数学与统计学院、体育与健康学院、物理与电子学院、物流管理与工程学院、外国语学院、计算机与信息工程学院、旅游与文化学院、美术与设计学院、音乐与舞蹈学院、化学与材料学院、地理科学与规划学院、环境与生命科学学院、自然资源与测绘学院等 13 个学院。

南宁师范大学武鸣校区地处武鸣区，离明秀老校区有 30 多千米，是一个择址新建的校区。经过一期和二期建设，武鸣校区大部分的主体建设基本完成，基本上能满足日常教学工作需要。但目前武鸣校区文化建设还处于起步阶段，还有诸多后续工作需要推进。加快推进武鸣校区校园文化建设和校园文化传承，将成为学校内涵建设的重要内容之一。

第二节　南宁师范大学典型文化符号

校训、校徽、校歌通常是一所学校的典型文化符号，其内涵是在学校长期发展过程中积淀下来的，最能直接地体现一所学校的校园文化。南宁师范大学的典型文化符号介绍如下：

1. 校训：德才并育，知行合一

德才并育，就是要培育人的美德和才能，二者要辩证统一；要坚持德育为先、全面发展的教育理念，培养高尚、美好、和谐的人格。

知行合一，就是要注重知识和实践，二者要合二为一；要保持和发扬理论联系实际的优良学风，追求至真、至善、至美的境界。

2. 校徽

南宁师范大学的校徽以 2018 年升格为大学为时间节点，升格前使用的是广西师范学院的校徽（图 8-1），升格后进行了重新设计（图 8-2）。

广西师范学院时期使用的校徽内涵及寓意如下：

（1）圆形校徽寓意和谐。大小圆之间，是手书繁体"广西师范学院"及英文校名"GUANGXI TEACHERS EDUCATION UNIVERSITY"。

（2）外圆内方是中国传统图形，表示"不以规矩，不成方圆"，寓意严谨、求实的学风；正方形右边开口，寓意开放、创新的精神；"1953"表示学院创办时间。

（3）方形之中，"SH"是"师"字的汉语拼音声母，两个字母组成一个象征太阳的小圆形；"太阳"下面，是"院"的汉语拼音首字母"Y"，形状像展翅飞翔的鸿雁。寓意教师职业是太阳底下最光辉的职业，象征学校盼望学子们早日成才、展翅高飞。

图8-1　广西师范学院校徽

图8-2　南宁师范大学校徽

更名为南宁师范大学后重新设计的校徽内涵及寓意如下：

（1）校徽主体部分选择的是南宁师范大学武鸣校区的大门元素，恢弘大气。

（2）内边框由南宁市花——朱槿花延展设计而来，象征着"凝聚、绽放、繁荣"的寓意。

（3）大门上空是三只鸿雁，延用原有校徽中的元素，传承学校优秀文化内涵，象征着期盼学子们早日成材、展翅翱翔。

（4）下方为一本展开的书，象征师范院校教书育人的特色，希望学校能在这片知识的沃土之上蓬勃发展，欣欣向荣。

3. 校歌

南宁师范大学现使用的校歌《芳华人间》（图8-3）由杰出校友、作家辛夷坞（原名蒋春玲）和广西艺术创作中心音舞部副部长颜宾（艺名

"小苹果")于 2016 年 1 月创作完成。歌词为:"八桂千里书香,风光独好行知园。师道巍巍,德才并育,唱响云天。学子莘莘,知行合一,群芳争艳。正少年时光,意气风发,览群书,立宏愿。浩瀚学海无涯,展雄帆,何惧艰辛?求知问道,至真至善,志存高远。硕果三分,二分辛苦,一分执守。待青春梦圆,郁郁桃李,芳华人间。"歌词体现出了学校培育桃李、钟灵毓秀的特质,突显校训"德才并育,知行合一"的内涵及培养高素质人才的办学宗旨。

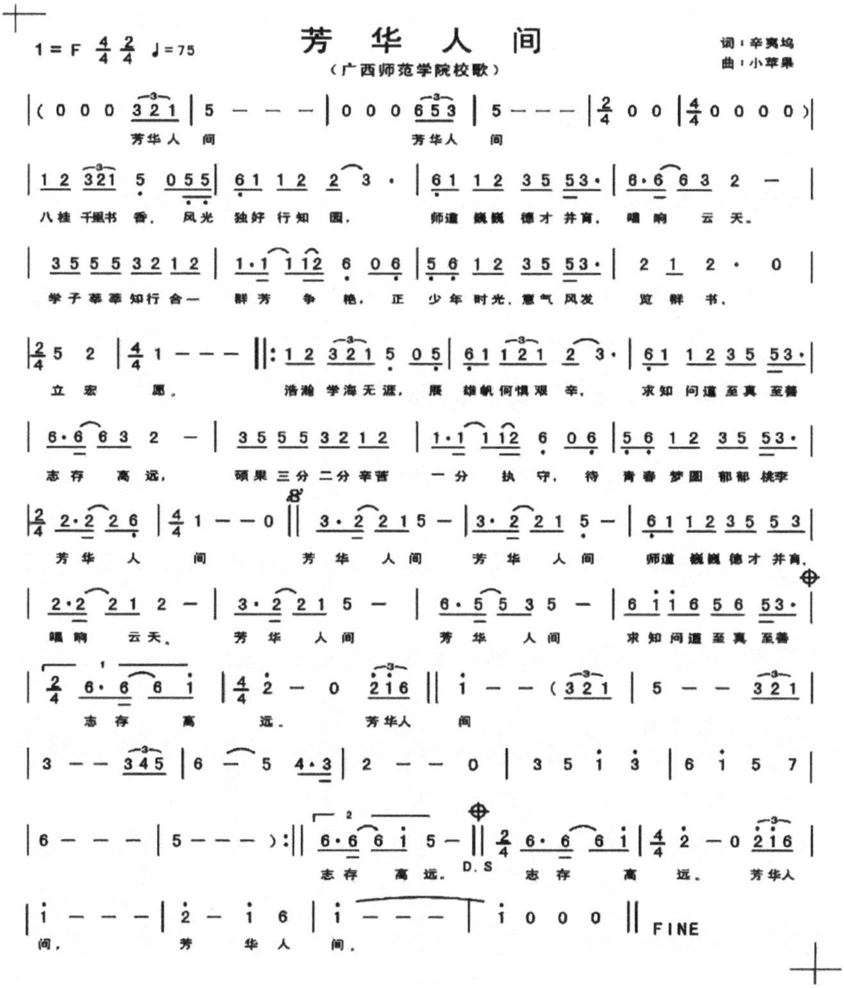

图 8-3 校歌《芳华人间》

4. 校旗

正中是中英文校名及校徽，底色为红色。

5. 校风与学风

1982年，经全院师生员工充分酝酿讨论，制订了内容为"理想远大、道德高尚、纪律严明、尊师爱生"的校风和"勤奋、严谨、求实、创新"的学风①。

6. 办学特色

经过讨论，确定了在坚持师范性特色的前提下，要办出"基础扎实、口手并长、一专多能、适应性强"的特色②。

7. 建设目标定位

建设区域特色鲜明的高水平师范大学。

8. 校庆日

12月28日。

第三节 南宁师范大学武鸣校区传承学校文化的目标与基本原则

一、目标

在对南宁师范大学办学历史全面而系统地挖掘整理的基础上，通过对武鸣校区校园文化的整体规划设计，采取多样化手段，有效传承南宁师范大学的校园文化，延续文脉，营造出浓郁的文化氛围。

二、基本原则

为了促进武鸣校区对学校文化的传承，需要坚持以下基本原则。

1. 整体规划原则

南宁师范大学现有明秀、长岗、建政三个老校区、五合与武鸣两个新

---

①②广西师院院史编写组. 广西师院四十年（1953—1993）[Z]. 南宁师范大学图书馆藏，1993：15.

校区（五合校区目前只完成了一期工程），两个新校区面临着对学校文化传承的共性问题，所以在规划武鸣校区的文化建设时，要把五合校区纳入进来，避免两校区学校文化的割裂，保持两校区对学校文脉传承的整体性与协调性。同时对武鸣新校区的校园文化景观、历史纪念景观、教育景观等进行统一规划，避免碎片化的建设。

2. 可拓展性原则

武鸣校区远离南宁市区，有其特殊的物理空间与自然环境，在传承学校文化时，除了考虑与明秀、长岗老校区文脉的延续性外，还要考虑现有自然风貌与地理环境对学校文化再发展与创造的空间，因此要有一定的可拓展性，便于积极吸纳所处区域的优秀文化资源。

3. 突显师范特色原则

在武鸣新校区传承学校文化，须突显南宁师范大学在办学历程中积累起来的师范特色，选择最能代表和反映办学定位、办学理念的文化要素提炼出来，通过各种文化符号，转化为新校区的文化景观，营造浓郁的师范文化氛围。

4. 守正传承与创新发展相统一原则

在立足和坚持传承师范特色的基础上，要根据学校所处区域环境，积极吸收地域少数民族文化与广西红色文化，实现守正传承与创新发展相统一，服务于学校建设具有鲜明区域特色的高水平师范大学的目标。

第四节 推进南宁师范大学武鸣校区传承学校文化的具体措施

为了更好地推进武鸣校区传承学校文化，可以采取以下具体措施：

1. 统一规划校园文化景观

对武鸣校区的文化景观进行统一规划，包括教学楼、学生宿舍、食堂及校内道路命名的语言景观；在学校大门主广场及各学院门前等校内公共空间或休闲绿地建设标志性或纪念性文化景观，包括文化雕塑、校内景观小品等；选择能传承和反映办学传统的标志性文化符号，各学院选择的典型文化符号要体现学科特色，与学院办学历史相结合。

2. 在主广场建陶行知雕塑作为标志性文化景观

南宁师范大学长岗和明秀两个老校区都立有陶行知先生的雕塑（图8-4、图8-5），已成为标志性校园文化景观，既标志着学校的师范院校身份，也标示着学校重视师范教育的传统。因此，可以在武鸣校区正校门广场绿地中央复制一座陶行知先生雕塑，来传承学校的师范教育传统。

图8-4　长岗校区陶行知雕塑　　　图8-5　明秀校区陶行知雕塑

3. 建造校训石景观

"德才并育，知行合一"是南宁师范大学的校训，明秀老校区文星楼前的小广场上立有校友捐赠的校训石（图8-6），明秀老校区图书馆的外墙（图8-7）和长岗老校区的瑞兴楼也写有校训。可以在武鸣校区图书馆前也打造一块校训石，作为学校的典型性文化景观。

图8-6　明秀校区校训石　　　图8-7　明秀校区图书馆校训石

4. 以长岗和明秀校区的教学楼名称打造系列纪念性景观石

南宁师范大学明秀校区和长岗校区的主要教学楼名称都具有一定的文化内涵，如明秀校区的思远楼、文星楼、鸿远楼和长岗校区的瑞兴楼，都见证了南宁师范大学教职工和广大学子的工作、学习及成长岁月，已成为南师人的美好记忆。可在武鸣校区小河旁打造写有这些教学楼名称的纪念性景观石。

5. 挖掘校史、区域民族文化与红色文化资源，打造新的校内建筑或道路语言景观

如可根据学校1953年10月创立于广西桂林将军桥的历史，将校内小河上的主桥命名为将军桥，以此来纪念创校之伟业。还可根据学校创办初期三次迁徙办学地点的历史，将校内一道路命名为三徙路，以纪念学校筚路蓝缕的创业奋斗历程；另外，孟母三迁的历史典故也称为三徙，可显示对教育环境的重视。写有《百鸟依》的壮族诗人韦其麟和荣获第八届中国民间文艺山花奖的过伟教授曾在广西师范学院中文系工作，可用其名对校内道路或建筑进行命名，以此来传承这些优秀校友的品质。李明瑞、韦拔群、雷经天等著名革命家都来自广西，可将这些红色文化资源转化为校园文化素材，发挥红色文化的育人作用，例如，用其名对校内道路或建筑进行命名，以此来传承这些革命先烈的优秀品质。

6. 打造突显师范特色的校园文化景观

师范是南宁师范大学的办学底色，通过70年的办学积累和沉淀，学校在打造具有师范特色的校园文化方面具备了较好的基础，形成了较好的师范特色文化氛围。在武鸣新校区，要继续围绕师范特色来打造和传承学校文化，可从整体上规划以师范为核心的校园文化景观。一可选取国内外著名教育家的教育思想与教育理念，以石刻或校园景观小品的方式，打造成突显师范特色的校园文化景观。例如陶行知先生的"捧着一颗心来，不带半根草去"，表达了一种无私奉献的高尚精神，与教师甘为人梯、无私奉献的职业要求高度吻合。二可选择国家、自治区主要领导或社会知名人士对学校的寄语，如建校55周年时，第十一届全国人大常委会副委员长、民盟中央前主席、南京大学前校长蒋树声先生为学校题词："桃李艳南疆。"这是对学校为广西基础教育培养了大量高素质人才的高度肯定，是很好的文化景观素材。

7. 在重大活动中举行唱校歌、诵校训、佩戴校徽的仪式

在每年的新生开学典礼、毕业典礼、校运动会及学校其他重要活动中，将全校师生唱校歌、诵校训列为重要的活动内容，在新生开学典礼上举行由校长给学生代表佩戴校徽的仪式，以此来增强师生对学校文化的心理认同与自豪感、荣誉感。

8. 积极建立与完善学校文化素材的充实机制

可安排专门部门负责定期收集整理学校发展过程中涌现的感人事迹及校友毕业后践行学校文化的典型案例，以此为学校文化建设源源不断地提供丰富的素材。可利用校庆的契机，邀请一批国家或自治区领导和学界著名专家学者为学校题写贺词或寄语，作为打造校园文化景观的宝贵素材。

9. 加强对校史文化资源的整理挖掘与运用

2023年是学校建校70周年，可趁此契机整合高等教育研究室、校史工作办公室、档案馆和教科院等部门的力量，组建常态化校史研究团队和校史教育队伍，深入挖掘整理学校文化资源，积极编写《南宁师范大学校史》读本，并将其列入新生入学教育和新教师入职教育的内容，使学校的文化传承成为一项有组织、有计划的常态化文化管理活动。

10. 善于借助故事符号来传承学校的文化

展现文化的最佳方式是组织成员口耳相传的故事，故事能起到例示或简化组织价值体系的作用，容易让人留下深刻的印象。建议认真整理学校不同发展阶段涌现出的优秀人物事迹，以及校友毕业后践行学校文化的典型案例，打造成反映学校文化的各类人物故事或校园剧，让校园充满故事，并使之成为展示学校文化最生动、最具感染力与教化力的教育素材和传承载体。

11. 在武鸣校区图书馆打造南师人科研成果库

面向广大校友和在校师生征集科研著作、获奖荣誉等成果，在武鸣校区图书馆专门开辟"南师文库"，既有利于收集、保存和展示师生和校友在教学及学术研究中所取得的丰硕成果，更好地培养师生的自信心、荣誉感和自豪感，也有利于弘扬"德才并育，知行合一"的校训精神，激励南师人奋发开拓、积极进取，不断丰富和积淀学校文化。

结　语

大学文化传承是学校内涵建设的永恒主题，本研究是在吸收大量现有研究成果基础上做的一次探索，既有一定的新意与特色，也有一定的局限。主要研究新意与特色表现在三个方面。

一是研究内容有新意。针对大学新校区文化建设的研究成果虽有不少，但大多是着眼于新校区文化建设的定性研究，通过一手资料对新老校区文化传承进行量化研究的成果较少，对新老校区文化传承机制的研究更少。本研究在对新老校区文化认同和文化传承现状进行定量化诊断研究的基础上，从校园文化传承角度，构建了一个教师、学生、管理者和校友等多主体共同参与，物质文化、行为文化、制度文化和精神文化等内容相互融合，校园自然景观、建筑景观、文化景观、语言景观等载体相配合，制度化传承、活动化传承、精英示范传承和师生交往传承等传承方式相结合，挖掘整理、研究阐发、教育传播、内化认同、主动践行等环节相互配合的新老校区文化传承"一主三辅"机制，具有一定的内容创新。

二是研究视角有新意。师生在学校文化传承中具有双重身份，既是学校文化传承的主体，又是学校文化传承的载体。这一特殊身份决定了广大师生在学校新老校区文化传承中的重要地位，从师生视角进行研究，可以提升研究结果的可信度与说服力，在视角上有一定的新意。

三是研究方法有特色。现有关于新校区文化建设的研究成果多以单一研究方法为主，综合使用问卷调查、实地参观、访谈法和案例法的研究成果相对较少，尤其是从师生视角，对大学新校区广大教师和学生进行问卷调查来获得一手资料的成果少之又少。因此，本研究的方法有一定特色。

本研究同时也存在三方面的局限：

一是研究方法方面。本研究在方法上虽有一定特色，但受疫情防控影响，面向新老校区师生的调查主要采取电子问卷发放的方式，教师卷有效样本819份，学生卷有效样本1 026份，相对于我国近三千万的在校生总样本而言，抽样数量还是偏少；课题组到国内各高校新老校区进行实地参观与调研的范围有限，没有全面考虑高校的层次、类型和地域等分布，对师生的访谈也没有充分考虑学科专业的分布；选择三所案例学校时主要从方便研究的角度出发，对案例学校传承自身文化的做法分析主要根据学校公开的资料以及通过问卷和访谈获得的资料，对内部资料的掌握相对不足，影响了案例剖析的深度。

二是研究内容方面。本研究以学校文化认同作为起点，主要内容是从高校管理的实践立场，分析新校区传承学校文化的现状和存在的问题，并以此为基础，构建了"一主三辅"的新老校区文化传承机制，提出了传承策略及建议，但对新老校区文化传承的国际比较研究涉及较少。

三是研究视角方面。师生既是学校文化传承的主体，也是检验学校文化传承效果的载体，从师生视角分析新校区传承学校文化的现状及问题，可以较好反映新校区文化传承的效果，具有一定的新意。但学校管理者这一群体在学校文化传承中扮演着决策者和实施者的角色，本研究在问卷调查和访谈没有纳入学校管理者，在一定程度上局限了研究视角。

附录1：大学新老校区文化认同及传承调查问卷（学生卷）

亲爱的同学：

您好，我们正在进行大学校园文化传承调查，目的是了解大学对自身校园文化的传承状况，分析存在的问题及原因，以促进大学更好地传承自身校园文化。调查结果仅为科研所用，希望能得到您的帮助与支持。本次调查不记姓名，对您及您所在学校不会产生任何负面影响，请您不必有所顾虑，感谢您的支持与帮助！

一、您的基本情况

1. 性别：①男　②女

2. 您目前就读高校的层次是：①本科院校　②高职高专院校

3. 您目前就读高校的类型是：①国家世界一流大学建设高校　②国家世界一流学科建设高校　③非"双一流"建设高校

4. 您目前的学习阶段是：①大一　②大二　③大三　④大四　⑤硕士研究生　⑥博士研究生

5. 您所学专业类别是：①工科　②理科　③文科　④医科　⑤农科　⑥其他

6. 您现在所就读的大学建有新校区吗：①有　②没有（如果选择②，您只需填写第二、三部分，第四部分不用填写）

7. 您目前的住宿情况是：①长期住在新校区　②长期住在老校区　③新老校区都居住过　④长住在校外

8. 您平时上课主要在哪个校区：①一直在老校区　②老校区较多，新校区较少　③老校区较少，新校区较多　④一直在新校区

二、下面各题是想了解您对自己所在大学文化的认同状况，请您根据实际情况进行选择，并在相应选项下打√

序号	内容	在相应选项下打√				
		完全不同意	不太同意	不确定	比较同意	完全同意
1	我了解我们大学的基本校史					
2	我了解我们大学的办学理念与目标					
3	我了解我们大学的校风					
4	我了解我们大学的学风					
5	我了解我们大学倡导的价值观念					
6	我能准确说出我们大学的校训					
7	我可以准确地诠释我们大学校训的精神内涵					
8	我知道我们大学校徽的含义					
9	我会唱我们大学的校歌					
10	我对学校宣传的典型人物或事迹很熟悉					
11	我为我们学校的历史文化底蕴感到自豪					
12	我赞同我们大学的办学理念					
13	我赞同我们大学倡导的价值观念					
14	我喜欢我们大学的校徽形象设计					
15	我喜欢我们的校歌					
16	我为自己能在现在的大学学习感到自豪					

续表

序号	内容	在相应选项下打√				
		完全不同意	不太同意	不确定	比较同意	完全同意
17	在学习中我常用我校的校训引领自己					
18	在学习中我常用我校的校歌激励自己					
19	在学习中我会主动遵守我们学校的管理规章制度					
20	在学习中我会主动践行我们的校风					
21	在学习中我会主动践行我们的学风					
22	在学习中我会以学校宣传的典型人物为榜样激励自己					
23	我会主动维护我们大学的形象和声誉					
24	我会主动向他人介绍我们大学的历史与文化					

三、下面是关于您所在大学新校区对学校文化传承状况的调查，请您结合自己的实际进行选择，除特别说明外，都是单项选择

1. 我所在大学的新校区对学校文化的传承效果是：
   ①非常不好　②不太好　③一般　④比较好　⑤非常好
2. 我所在大学的校领导对在新校区传承学校文化的重视程度是：
   ①完全不重视　②不太重视　③一般　④比较重视　⑤非常重视
3. 我校新校区在传承学校文化的过程中，校领导发挥了积极作用：
   ①完全不同意　②不太同意　③不确定　④比较同意　⑤完全同意
4. 我校新校区在传承学校文化的过程中，学校职能部门领导发挥了积极作用：

①完全不同意　②不太同意　③不确定　④比较同意　⑤完全同意

5. 我校新校区在传承学校文化的过程中，各二级学院领导发挥了积极作用：
①完全不同意　②不太同意　③不确定　④比较同意　⑤完全同意

6. 我校新校区在传承学校文化的过程中，学校的知名教授或优秀教师发挥了积极作用：
①完全不同意　②不太同意　③不确定　④比较同意　⑤完全同意

7. 我校新校区在传承学校文化的过程中，广大普通老师发挥了积极作用：
①完全不同意　②不太同意　③不确定　④比较同意　⑤完全同意

8. 我校新校区在传承学校文化的过程中，广大学生发挥了积极作用：
①完全不同意　②不太同意　③不确定　④比较同意　⑤完全同意

9. 我所在学校重视向学生开展学校文化教育：
①完全不同意　②不太同意　③不确定　④比较同意　⑤完全同意

10. 我能在大学新校区的校园建筑名称中感受到学校的文化：
①完全不同意　②不太同意　③不确定　④比较同意　⑤完全同意

11. 我能在大学新校区的道路名称中感受到学校的文化：
①完全不同意　②不太同意　③不确定　④比较同意　⑤完全同意

12. 我能在大学新校区的校园人文景观（如校园雕塑）中感受到学校的文化：
①完全不同意　②不太同意　③不确定　④比较同意　⑤完全同意

13. 我能在大学新校区举办的校园活动中感受到学校的文化：
①完全不同意　②不太同意　③不确定　④比较同意　⑤完全同意

14. 我能在我们大学新校区感受到学校文化潜移默化的影响：
①完全不同意　②不太同意　③不确定　④比较同意　⑤完全同意

15. 我能在我们大学的新校区领悟到学校的光荣历史：
①完全不同意　②不太同意　③不确定　④比较同意　⑤完全同意

16. 我能在我们大学的新校区感受到学校的办学特色：
①完全不同意　②不太同意　③不确定　④比较同意　⑤完全同意

17. 我所在大学在新校区校园文化建设过程中会听取和吸收教师们的意见：
①完全不同意　②不太同意　③不确定　④比较同意　⑤完全同意

18. 我所在大学在新校区校园文化建设过程中会听取和吸收学生们的意见：

①完全不同意 ②不太同意 ③不确定 ④比较同意 ⑤完全同意
19. 我所在大学在新校区校园文化建设过程中会听取和吸收校友们的意见:
①完全不同意 ②不太同意 ③不确定 ④比较同意 ⑤完全同意
20. 我所在大学新校区在传承学校文化过程中存在以下问题（可多选）:
①新校区师生对学校文化了解不足
②学校在新校区建设过程中对学校文化传承缺乏明确规划
③新校区所设学院对学校文化传承的意识不强
④学校对自身优秀的历史文化挖掘不充分
⑤重物质文化建设，轻精神文化建设
⑥广大师生的作用发挥得还不够
⑦新校区传承学校文化的方式比较单一

附录2：大学新老校区文化认同及传承调查问卷（教师卷）

尊敬的老师：

您好，我们正在进行大学校园文化传承调查，目的是了解大学对自身校园文化的传承状况，分析存在的问题及原因，以促进大学更好地传承自身校园文化。调查结果仅为科研所用，希望能得到您的帮助与支持。本次调查不记姓名，对您及您所在学校不会产生任何负面影响，请您不必有所顾虑，感谢您的支持与帮助！

一、您的基本情况

1. 性别：①男　②女
2. 您的年龄：_____岁
3. 您目前所在高校的层次是：①本科院校　②高职高专院校
4. 您目前所在高校的类型是：①国家世界一流大学建设高校　②国家世界一流学科建设高校　③非"双一流"建设高校
5. 您的职称：①助教及以下　②讲师（助理教授）　③副教授　④教授
6. 您的受教育程度：①专科及以下　②本科　③硕士　④博士
7. 您现在工作的大学建有新校区吗：①有　②没有（如果选择②，您只需填写第二、三部分，第四部分不用填写）
8. 您目前的居住情况是：①长住学校新校区　②长住学校老校区　③长住学校外
9. 您平时上课主要在哪个校区：①一直在老校区　②老校区较多，新校区较少　③老校区较少，新校区较多　④一直在新校区
10. 您在当前学校的工作年限是_____年

11. 您教授的学科是：①工科　②理科　③文科　④医科　⑤农科 ⑥其他

二、下面各题是想了解您对自己所在大学文化的认同状况，请您根据实际情况进行选择，并在相应选项下打√

序号	内容	在相应选项下打√				
		完全不同意	不太同意	不确定	比较同意	完全同意
1	我了解我们大学的基本校史					
2	我了解我们大学的办学理念与目标					
3	我了解我们大学的校风					
4	我了解我们大学的教风					
5	我了解我们大学倡导的价值观念					
6	我能准确说出我们大学的校训					
7	我可以准确地诠释我们大学校训的精神内涵					
8	我知道我们大学校徽的含义					
9	我会唱我们大学的校歌					
10	我对学校宣传的典型人物或事迹很熟悉					
11	我为我们学校的历史文化底蕴感到自豪					
12	我赞同我们大学的办学理念					
13	我认同我们大学倡导的价值观念					
14	我喜欢我们大学的校徽形象设计					
15	我喜欢我们的校歌					

续表

序号	内容	在相应选项下打√				
		完全不同意	不太同意	不确定	比较同意	完全同意
16	我为自己能在现在的大学工作感到自豪					
17	在工作中我常用我校的校训引领自己					
18	在工作中我常用我校的校歌激励自己					
19	在工作中我会主动遵守我们学校的管理规章制度					
20	在工作中我会主动践行我们的校风					
21	在工作中我会主动践行我们的教风					
22	在工作中我会以学校宣传的典型人物为榜样激励自己					
23	我会主动维护我们大学的形象和声誉					
24	我会主动向他人介绍我们大学的历史与文化					

三、下面是关于您所在大学新校区对学校文化传承状况的调查，请结合您的实际进行选择，除特别说明外，都是单项选择

1. 我所在大学新校区对学校文化的传承效果是：
　　①非常不好　　②不太好　　③一般　　④比较好　　⑤非常好
2. 我所在大学的校领导对在新校区传承学校文化的重视程度是：
　　①完全不重视　　②不太重视　　③一般　　④比较重视　　⑤非常重视
3. 我所在大学对在新校区传承学校文化有明确的规划：
　　①完全不同意　　②不太同意　　③不确定　　④比较同意　　⑤完全同意
4. 我校新校区在传承学校文化的过程中，校领导发挥了积极作用：

①完全不同意　②不太同意　③不确定　④比较同意　⑤完全同意

5. 我校新校区在传承学校文化的过程中，学校职能部门领导发挥了积极作用：
   ①完全不同意　②不太同意　③不确定　④比较同意　⑤完全同意

6. 我校新校区在传承学校文化的过程中，各二级学院领导发挥了积极作用：
   ①完全不同意　②不太同意　③不确定　④比较同意　⑤完全同意

7. 我校新校区在传承学校文化的过程中，学校的知名教授或优秀教师发挥了积极作用：
   ①完全不同意　②不太同意　③不确定　④比较同意　⑤完全同意

8. 我校新校区在传承学校文化的过程中，广大普通老师发挥了积极作用：
   ①完全不同意　②不太同意　③不确定　④比较同意　⑤完全同意

9. 我校新校区在传承学校文化的过程中，广大学生发挥了积极作用：
   ①完全不同意　②不太同意　③不确定　④比较同意　⑤完全同意

10. 我所在学校重视向老师开展学校文化教育：
    ①完全不同意　②不太同意　③不确定　④比较同意　⑤完全同意

11. 我能在大学新校区的校园建筑名称中感受到学校的文化：
    ①完全不同意　②不太同意　③不确定　④比较同意　⑤完全同意

12. 我能在大学新校区的道路名称中感受到学校的文化：
    ①完全不同意　②不太同意　③不确定　④比较同意　⑤完全同意

13. 我能在大学新校区的校园人文景观（如校园雕塑）中感受到学校的文化：
    ①完全不同意　②不太同意　③不确定　④比较同意　⑤完全同意

14. 我能在大学新校区举办的校园活动中感受到学校的文化：
    ①完全不同意　②不太同意　③不确定　④比较同意　⑤完全同意

15. 我能在我们大学新校区感受到学校文化潜移默化的影响：
    ①完全不同意　②不太同意　③不确定　④比较同意　⑤完全同意

16. 我能在我们大学的新校区领悟到学校的光荣历史：
    ①完全不同意　②不太同意　③不确定　④比较同意　⑤完全同意

17. 我能在我们大学的新校区感受到学校的办学特色：
    ①完全不同意　②不太同意　③不确定　④比较同意　⑤完全同意

18. 我所在大学在新校区校园文化建设过程中会听取和吸收教师们的意见：
①完全不同意 ②不太同意 ③不确定 ④比较同意 ⑤完全同意
19. 我所在大学在新校区校园文化建设过程中会听取和吸收学生们的意见：
①完全不同意 ②不太同意 ③不确定 ④比较同意 ⑤完全同意
20. 我所在大学在新校区校园文化建设过程中会听取和吸收校友们的意见：
①完全不同意 ②不太同意 ③不确定 ④比较同意 ⑤完全同意
21. 我所在大学新校区在传承学校文化过程中存在以下问题（可多选）：
①新校区师生对学校文化了解不足
②学校在新校区建设过程中对学校文化传承缺乏明确规划
③新校区所设学院对学校文化传承的意识不强
④学校对自身优秀的历史文化挖掘不充分
⑤重物质文化建设，轻精神文化建设
⑥广大师生的作用发挥得还不够
⑦新校区传承学校文化的方式比较单一

附录3：大学校训认同调查问卷（学生卷）

亲爱的同学：

您好，我们正在进行大学文化传承调查，目的是了解大学对自身文化的传承状况，分析存在的问题及原因，以促进大学更好地传承自身文化。调查结果仅为科研所用，希望能得到您的帮助与支持。本次调查不记姓名，对您及您所在学校不会产生任何负面影响，请您不必有所顾虑，感谢您的支持与帮助！

一、您的基本情况

1. 性别：①男　②女
2. 您目前就读高校的层次是：①本科院校　②高职高专院校
3. 您目前就读高校的类型是：①国家世界一流大学建设高校　②国家世界一流学科建设高校　③非"双一流"建设高校
4. 您目前的学习阶段是：①大一　②大二　③大三　④大四　⑤硕士研究生　⑥博士研究生
5. 您所学专业类别是：①工科　②理科　③文科　④医科　⑤农科　⑥其他
6. 您现在所就读的大学建有新校区吗：①有　②没有
7. 您目前的住宿情况是：①长期住在新校区　②长期住在老校区　③新老校区都居住过　④长住在校外
8. 您平时上课主要在哪个校区：①一直在老校区　②老校区较多，新校区较少　③老校区较少，新校区较多　④一直在新校区

二、下面各题是想了解您对自己学校校训的认同与践行情况，请根据实际情况进行选择，并在相应选项下打√

序号	内容	在相应选项下打√				
		完全不同意	不太同意	不确定	比较同意	完全同意
1	我能够准确地说出所在大学的校训					
2	我了解所在大学校训的来源					
3	我了解所在大学校训的形成历史					
4	我了解与所在大学校训有关的历史人物或故事					
5	我所在大学的校训凝练了学校的办学理念					
6	我所在大学的校训反映了学校的办学特色					
7	我所在大学的校训体现了学校的校风					
8	我能准确理解所在大学校训的精神内涵					
9	我喜欢所在大学校训的书写风格					
10	我欣赏所在大学校训的文化精神					
11	我为所在大学校训所具有的丰富内涵感到自豪					
12	我能主动践行所在大学校训的精神					
13	我所在大学的校训能激励我努力学习					

续表

序号	内容	在相应选项下打√				
		完全不同意	不太同意	不确定	比较同意	完全同意
14	我所在大学的校训对我产生了潜移默化的感染与熏陶					
15	我所在大学的校训对我价值观的形成产生了积极影响					
16	我所在大学的校训对我的学习生活起到了规范作用					
17	我所在大学的校训对我为人处世的态度起到了规范作用					
18	我所在大学的校训对我大学阶段的个人素质养成产生了积极影响					

附录4：大学校训认同调查问卷（教师卷）

尊敬的老师：

您好，我们正在进行大学文化传承调查，目的是了解大学对自身文化的传承状况，分析存在的问题及原因，以促进大学更好地传承自身文化。调查结果仅为科研所用，希望能得到您的帮助与支持。本次调查不记姓名，对您及您所在学校不会产生任何负面影响，请您不必有所顾虑，感谢您的支持与帮助！

一、您的基本情况

1. 性别：①男　②女
2. 您的年龄：_____岁
3. 您目前所在高校的层次是：①本科院校　②高职高专院校
4. 您目前所在高校的类型是：①国家世界一流大学建设高校　②国家世界一流学科建设高校　③非"双一流"建设高校
5. 您的职称：①助教及以下　②讲师（助理教授）　③副教授　④教授
6. 您的受教育程度：①专科及以下　②本科　③硕士　④博士
7. 您现在工作的大学建有新校区吗：①有　②没有
8. 您目前的居住情况是：①长住学校新校区　②长住学校老校区　③长住学校外
9. 您平时上课主要在哪个校区：①一直在老校区　②老校区较多，新校区较少　③老校区较少，新校区较多　④一直在新校区
10. 您在当前学校的工作年限是_____年
11. 您教授的学科是：①工科　②理科　③文科　④医科　⑤农科　⑥其他

二、下面各题是想了解您对自己学校校训的认同与践行情况，请根据实际情况进行选择，并在相应选项下打√

序号	内容	在相应选项下打√				
		完全不同意	不太同意	不确定	比较同意	完全同意
1	我能够准确地说出所在大学的校训					
2	我了解所在大学校训的来源					
3	我了解所在大学校训的形成历史					
4	我了解与所在大学校训有关的历史人物或故事					
5	我所在大学的校训凝练了学校的办学理念					
6	我所在大学的校训反映了学校的办学特色					
7	我所在大学的校训体现了学校的校风					
8	我能准确理解所在大学校训的精神内涵					
9	我喜欢所在大学校训的书写风格					
10	我欣赏所在大学校训的精神内涵					
11	我为所在大学校训所具有的丰富内涵感到自豪					
12	我能主动践行所在大学校训的精神					
13	我所在大学的校训能激励我努力工作					

续表

序号	内容	在相应选项下打√				
		完全不同意	不太同意	不确定	比较同意	完全同意
14	我所在大学的校训对我产生了潜移默化的感染与熏陶					
15	我所在大学的校训对我价值观的形成产生了积极影响					
16	我所在大学的校训对我的教学科研工作起到了规范作用					
17	我所在大学的校训对我为人处世的态度起到了规范作用					
18	我所在大学的校训对我个人素质的养成产生了积极影响					

附录5：大学新老校区文化传承访谈提纲

一、教师访谈内容
（1）您觉得您所在大学在促进新老校区校园文化传承方面做得如何？
（2）您认为在新老校区校园文化传承中，教师能发挥什么作用？
（3）除教师外，您觉得还有哪些群体可以在新老校区校园文化传承中发挥作用？
（4）为了更好地促进大学新老校区校园文化传承，您有什么好的建议？

二、学生访谈内容
（1）您觉得您所在大学在促进新老校区校园文化传承方面做得如何？
（2）您认为在新老校区校园文化传承中，学生能发挥什么作用？
（3）除学生外，您觉得还有哪些群体可以在新老校区校园文化传承中发挥作用？
（4）为了更好地促进大学新老校区校园文化传承，您有什么好的建议？

三、学校后勤或基建部门负责人访谈内容
（1）您如何看待在大学新老校区之间进行校园文化传承的重要性？
（2）为了促进新老校区校园文化传承，您所在学校采取了哪些措施？（包括相关规划）这些措施的效果如何？
（3）您所在大学在促进新老校区校园文化传承过程中遇到过哪些问题或困难？你们是如何应对的？
（4）为了更好地促进大学新老校区校园文化传承，您有什么好的建议？

主要参考文献

一、著作

[1] 陈国俭．简明文化人类学词典［Z］杭州：浙江人民出版社，1990.

[2] E·海能．企业文化［M］．张庆洪，陆新，等译．北京：知识出版社，1990.

[3] 郑晓云．文化认同论［M］北京：中国社会科学出版社，1992.

[4] 霍夫斯泰德．跨越合作的障碍——多元文化与管理［M］．北京：科学出版社，1996.

[5] 凯瑟琳·米勒．组织传播［M］．陈淑珠，郭欣春，曾慧琦，译．台北：五南图书出版公司，1998.

[6] 安妮特·威池．管理沟通策略：案例教材［M］．毕香玲，译．北京：中国人民大学出版社，2003.

[7] 玛莎·奥马拉．战略与选点［M］．高艳山，孙光国，译．北京：人民邮电出版社，2004.

[8] 周鸿铎．文化传播学［M］．北京：中国纺织出版社，2005.

[9] 理查德·P．多贝尔．校园景观——功能·形式·实例［M］．北京世纪英闻翻译有限公司，译．北京：中国水利水电出版社，2005.

[10] 吴中平，徐建华，徐跃飞．冲突与融合：学校文化建设新视角［M］．上海：上海三联书店，2006.

[11] 西蒙·L·多伦，萨尔瓦多·加西亚，等．价值观管理：21世纪企业生存之道［M］．李超平，译．北京：中国人民大学出版社，2009.

[12] 胡可宁．组织传播学：结构与关系的象征性互动［M］．北京：北京大学出版社，2010.

[13] 孙鹤娟．学校文化管理（修订本）［M］．北京：教育科学出版

社，2012.
[14] 熊高，卢有泉. 文化媒介学［M］.武汉：武汉大学出版社，2013.
[15] 张亚萍，梅洛. 文化景观［M］.北京：中国电力出版社，2014.
[16] 特伦斯·迪尔，艾伦·肯尼迪. 企业文化——企业生活中的礼仪与仪式［M］.李原，孙健敏，译. 北京：中国人民大学出版社，2014.
[17] 王若军，雷高岭. 组织文化：传承与创新［M］.北京：人民日报出版社，2015.
[18] 吴庆洲. 文化景观营建与保护［M］.北京：中国建筑工业出版社，2016.
[19] 常俊丽，汪辉. 大学校园景观［M］.上海：上海交通大学出版社，2016.
[20] 凯文·马尔卡希. 公共文化、文化认同与文化政策：比较的视角［M］.何道宽，译. 北京：商务印书馆，2017.
[21] 陈晓莹. 文化传播学［M］.福州：福建人民出版社，2017.

二、期刊论文

[1] 王军. 校园文化的历史回顾、现状与对策——兼谈校园文化与教育的关系［J］.江西教育科研，1996（03）：27 - 30.
[2] 汤茂林. 文化景观的内涵及其研究进展［J］.地理科学进展，2000（01）：70 - 79.
[3] 班中考，黄洁. 论大学文化及大学文化传统［J］.江苏高教，2002（03）：65 - 68.
[4] 李延保. 现代大学精神和大学的文化传统与品格［J］.中国大学教学，2002（05）：11 - 14.
[5] 王冀生. 文化是大学之魂［J］.北京大学教育评论，2003（04）：42 - 46.
[6] 张旭鹏. 文化认同理论与欧洲一体化［J］.欧洲研究，2004（04）：66 - 77 + 2.
[7] 何镜堂. 当代大学校园规划设计的理念与实践［J］.城市建筑，2005（09）：4 - 10.
[8] 李曼丽. "文化分层"理论在大学文化研究中的应用［J］.江苏高教，2006（05）：1 - 3.

[9] 顾晓松. 合并高校的大学文化融合 [J]. 中国高教研究, 2007 (06): 17-20.

[10] 李延保. 关于高水平大学建设的思考——兼谈现代大学文化建设 [J]. 中山大学学报 (社会科学版), 2008 (01): 189-201+208.

[11] 刘长海. 学校文化传统与学习型组织的冲突及其化解——学校文化的反思与重建 [J]. 教育科学研究, 2008 (07): 37-40+44.

[12] 刘海苑, 胡志波. 大学新校区校园文化传承研究——以广东商学院为例 [J]. 高教论坛, 2009 (03): 127-129.

[13] 韩延明, 张洪高. 我国大学新校区文化建设的检视与沉思 [J]. 江苏高教, 2010 (01): 42-45.

[14] 郭燕秋, 关永平. 论高校新校区校园文化的传承与创新 [J]. 广西师范大学学报 (哲学社会科学版), 2010, 46 (02): 96-99.

[15] 金家新, 易连云. 论组织文化视域下的大学章程建设 [J]. 中国高教研究, 2011 (02): 12-14.

[16] 谢大伟, 丁峻. 大学校园文化景观的价值功能及规划设计原则 [J]. 美育学刊, 2011, 2 (05): 73-78.

[17] 侯钰, 李媛, 关山. 高校新区景观环境的历史文化传承——以沈阳建筑大学浑南新校区为例 [J]. 华中建筑, 2011, 29 (06): 126-129.

[18] 徐显明. 文化传承创新: 大学第四大功能的确立 [J]. 中国高等教育, 2011 (10): 10-11.

[19] 王英杰. 大学文化传统的失落: 学术资本主义与大学行政化的叠加作用 [J]. 比较教育研究, 2012, 34 (01): 1-7.

[20] 刘朝晖. 大学新校区校园文化品味与师德师风建设 [J]. 福州大学学报 (哲学社会科学版), 2012, 26 (02): 103-106.

[21] 姜羡萍, 顾佳隽. 大学新校区校园文化建设模式探析 [J]. 教育与职业, 2012 (36): 59-61.

[22] 刘一华, 任康丽. 高校新校区校园文化建设的检视与对策 [J]. 西南石油大学学报 (社会科学版), 2013, 15 (02): 114-118.

[23] 李劲涛, 罗湘明. 新时期高校校园文化建设的理论与对策 [J]. 湖南社会科学, 2013 (04): 235-237.

[24] 张玉霞,张彪. 现代性视阈下的大学文化建构[J]. 广西社会科学, 2014(05):189-193.

[25] 刘彦. 高校新校区校园生态建设略论[J]. 江苏高教, 2014(05): 64-65.

[26] 孙松波,常俊丽,朱俊静等. 新老校区文化景观传承研究——以南京高校为例[J]. 天津农业科学, 2015, 21(09):162-166.

[27] 徐仲佳. 论现代大学制度建立与大学文化传统养成之关系——以海南师范大学文学院的实践为例[J]. 海南师范大学学报(社会科学版), 2016, 29(01):131-134.

[28] 于滨. 独立、引领、批判:论大学文化[J]. 中国成人教育, 2017(24):38-40.

[29] 李宁. 推进多校区大学组织文化建设[J]. 中国高等教育, 2017(05):51-53.

[30] 魏伟华,洪林. "双一流"背景下高校校园文化建设的思考[J]. 黑龙江高教研究, 2017(08):132-135.

[31] 胡燕,朱志平,章云清. 中国传统文化传承语境中的大学文化空间改造[J]. 江苏高教, 2017(11):67-70.

[32] 何炜. 基于传统文化视角的高校校园文化建设研究[J]. 学校党建与思想教育, 2017(22):87-89.

[33] 邬大光. 文化传承中的厦门大学典故[J]. 厦门大学学报(哲学社会科学版), 2018(04):47-57.

[34] 陈剑,蒲向军. 基于建筑载体的大学校园文化传承与创新研究——以华中师范大学为例[J]. 华中建筑, 2018, 36(05):102-105.

[35] 韩萌. "双一流"战略下我国大学校训文化的优化与升华[J]. 当代教育科学. 2019(05):67-71.

[36] 孟宇婕. 学校变革中的文化领导共同体[J]. 教学与管理, 2021(06):44-47.

[37] Sauer Carl O. The Morphology of Land Scape[J]. University of California Publications in Geography, 1925(2):19-54.

[38] Sauer Carl O. Recent Development in Cultural Geography[A]. Hayes E D. Recent Development in The Social Sciences[C]. New York:

Lippincott, 1929: 98 – 118.

[39] Phinney, Jean S. Ethnic Identity in Adolescents and Adults: Review of Research [J]. Psychological Bulletin, 1990, 108 (3): 499 – 514.

[40] Fred Mael, Blake E, Ashforth. Alumni and Their Alma Mater: A Partial Test of Reformulated Model of Organizational Identification [J]. Journal of Organizational Behavior, 1992 (13): 103 – 123.

[41] Sporn B. Managing University Culture: An Analysis of The Relationship Between Institutional Culture and Management Approaches [J]. Higher Education, 1996, 32 (1): 41 – 61.

[42] Bartell M. Internationalization of Universities: A University Culture – Based Framework [J]. Higher Education, 2003, 45 (1): 43 – 70.

[43] Gassol J H. The Effect of University Culture and Stakeholders' Perceptions on University-Business Linking Activities [J]. The Journal of Technology Transfer, 2007, 32 (5): 489 – 507.

[44] Reto, Felix. The Impact of Scale Width on Responses for Multi – item, Self – report Measures [J]. Journal of Targeting, Measurement and Analysis for Marketing. 2011, 19 (4): 153 – 164.

[45] Levy B L M, Marans R W. Towards a Campus Culture of Environmental Sustainability: Recommendations for a Large University [J]. International Journal of Sustainability in Higher Education, 2012, 13 (4): 365 – 377.

[46] Rose S F, Firmin M W. African – American Students on a Predominantly White University Campus: Qualitative Research Findings [J]. Psychological Studies, 2013, 58 (1): 58 – 65.

[47] Vilcea, Adrian M. Quality Culture in Universities and Influences on Formal and Non – formal Education [J]. Procedia – Social and Behavioral Sciences, 2014, 163: 148 – 152.

后　记

本书是笔者主持承担的国家社科基金教育学一般项目的研究成果，2018年获得立项时的欣喜之情如今还历历在目。当初曾暗下决心要扎扎实实地把课题做好，然而期间恰遇疫情，在一定程度上影响了课题的资料收集、实地调研和阶段性成果的发表等进度，眼看当初确定的三年研究期限一晃而过，曾经也是日夜忧心，最后在课题组成员的共同努力下顺利结题，也算是完成了自己的一个学术"心愿"。

本人在广西大学和南宁师范大学指导的几位研究生参与了本课题的部分研究，其硕士学位论文选题也来自本课题的研究内容，部分章节的内容就是在其学位论文收集的数据基础上修改而成的。第二章第三节在刘泗潍的学位论文基础上修改完成，第四章在王艺菲的学位论文基础上修改完成，第五章在李颖明的学位论文基础上修改完成，第六章在李智荣的学位论文基础上修改完成，在此对他们的辛苦付出表示感谢。写作过程中参考引用了国内外部分专家学者的研究成果与观点，也在此一并表示感谢。如因个人疏忽而未能标明出处，在此深表歉意。

本书得到南宁师范大学人文社科发展研究中心和南宁师范大学区域教育改革与发展研究中心的资助，也是其研究成果！

任初明
2024年2月20日